解读
敦煌

中世纪建筑画

著者◎孙毅华　孙儒僩

主编单位◎敦煌研究院

主编◎樊锦诗

华东师范大学出版社

主编寄语

众所周知，中国的佛教与儒家和道教曾经对中国古代社会生活产生过重大的影响。中国佛教美术艺术与佛教相生相伴，相互影响，相互促进。中国佛教美术艺术应佛教需要而成长，应佛教发展而发展，对弘扬佛教教义和佛教思想起过至关重要的作用。中国佛教美术艺术也是中国古代美术艺术不可或缺的重要组成部分，推动了中国古代美术的发展。

中国佛教美术留下了无数的遗迹、遗存和遗物，但历史上诸多古刹名寺因战火、天灾、人祸而灰飞烟灭，寺庙建筑中的佛教艺术也随之消失殆尽。唯开凿于山崖的佛教石窟寺虽历经沧桑，仍大多得以保存。敦煌曾经是古代丝绸之路上的交通枢纽，商业贸易的集散之地，是世界上四大文化、六大宗教、十余个民族文化的融汇之处，在敦煌适宜的土壤上，辉煌的敦煌莫高窟及其佛教艺术应运而生。敦煌莫高窟迄今保存了735个洞窟、45000平方米壁画、2000多身彩塑、5座唐宋窟檐。敦煌莫高窟是中国现存规模最大的佛教石窟寺遗址，是世界上历史延续最悠久、保存较完整、内容最丰富、艺术最精美的佛教艺术遗存，代表了公元4至14世纪中国佛教美术艺术的高度成就。

然而，敦煌莫高窟这处千年佛教圣地，由于历史原因，公元16世纪以后，竟成为被历史遗忘的角落，它的丰富内涵和珍贵价值长期鲜为人知。

清光绪二十六年（公元1900年）发现的藏经洞，出土了公元4至10世纪的文书、刺绣、绢画、纸画等文物5万余件。其中文书，大部分是汉文写本，少量为刻印本。汉文写本中佛教经典占90%以上，还有传统的经史子集和具有珍贵史料价值的"官私文书"等。除汉文外，还有古藏文、梵文、回鹘文、粟特文、于阗文、龟兹文等多种少数民族文字。

藏经洞及其文物的发现，引起了学界的震惊，中外学者以藏经洞文献研究为发端，开始关注敦煌莫高窟，从而引发了对敦煌莫高窟和敦煌地区石窟佛教艺术研究的热潮。在这个敦煌研究的热潮中，1944年，一个保管和研究敦煌石窟（包括敦煌莫高窟、西千佛洞，安西榆林窟、东千佛洞，肃北五个庙石窟）的机构——国立敦煌艺术研究所在大漠戈壁的敦煌莫高窟中诞生了。

六十多年来，一批又一批有志青年离开了繁华的都市，来到了西部边陲的敦煌莫高窟安家创业。他们住土房、喝咸水、点油灯，严寒酷暑，大漠风沙，孤独寂寞，磨灭不了他们心中神圣的追求，为了保护敦煌石窟，为了研究和解读敦煌石窟艺术，一年又一年，一代又一代"敦煌人"默默地奉献着青春、智慧、家庭，乃至人生。

经过几代敦煌学者对敦煌石窟长期深入细致的调查、整理、考证、研究，敦煌石窟壁画的尊相画（指大彻大悟、大智大勇的佛，慈悲为怀、普度众生的菩萨，虔诚修行，以求自我解脱的弟子，威武勇猛、守护佛法的天王、力士，轻歌曼舞的伎乐飞天等等佛教众神）、释迦牟尼故事画（指佛教教主释迦牟尼生前救度众生的种种善行故事，今生诞生宫廷、犬马声色的太子生活、出家修行、降魔成道、教化众生的传奇故事）、经变画（指隋唐时期中国艺术家根据大乘佛教经典创作绘制的大幅壁画）、佛教东传故事画（指宣扬佛教东传、佛法威力、佛迹灵验等等神奇故事）、神怪画（指佛教接纳的中原汉地流行的传统神话和神怪形象）、供养人画像（指为祈福禳灾而出资开窟造像的功德主及其眷属的礼佛画像）、图案纹样（指装饰各洞窟建筑、彩塑和壁画的图案纹样）等七类专题性如同天书般的内容逐渐得以认识、揭示和解读。

通过研究，学者们不仅解读了作为敦煌石窟主体的佛教的题材内容、思想、教义及其演变发展，而且还揭示出壁画表现的人间所没有的佛教众神和他们所居住的佛国世界，其素材无不取自于现实人间世界。揭开佛教教义的神秘面纱后，可以看到，敦煌壁画中名目繁多的佛国世界是现实世界的反射。展示在人们眼前的不只是

虚幻的佛国世界，而且是一千年敦煌和河西的形象历史，是一千年丰富多彩的古代社会生活，是一千年内涵博大的文化，是一千年壁画和彩塑艺术的发展史。因此，敦煌石窟被誉为"佛教艺术宝库"和"中世纪的百科全书"。今天，当历史图像资料已经成为凤毛麟角的时候，通过博大精深的敦煌壁画认识中国古代历史和社会，显得尤为重要。

此次出版的"解读敦煌"系列丛书，是由敦煌研究院的资深专家和摄影师共同完成的一套内容详备、体例新颖、面向广大读者的通俗读物。本系列丛书具有三大优势：

一、全面涵括了敦煌石窟的建筑、壁画、彩塑以及出土文书的内容，体系浩大、内涵丰富；

二、由敦煌研究院资深专家组成的作者队伍，将他们数十年的研究成果，以佛教、艺术、社会三大类多专题的形式，深入浅出地向读者解析敦煌石窟的奥秘；

三、由敦煌研究院资深摄影师拍摄的两千幅精美照片，向读者全方位、多角度地展示多姿多彩的敦煌石窟艺术。

本丛书将向全世界展示中华民族在历史上创造的杰出艺术成就和东方古代文化的辉煌，向全世界讲述历史留在敦煌的繁华和一个个悠远的故事。

最后，我们通过出版"解读敦煌"系列丛书，以纪念藏经洞发现110周年、敦煌研究院建院66周年、敦煌莫高窟被联合国教科文组织列入世界文化遗产名录24周年。

樊锦诗

2010年6月20日

目录

前言　凝固的乐章

第一章　　虚拟与真实交相辉映

1・佛教石窟寺为什么绘制大量建筑画？　17

2・莫高窟建筑画知多少？　20

3・敦煌石窟根据什么绘制的建筑画？　24

4・哪个窟的壁画建筑样式最多？　30

5・哪幅壁画的建筑数量最多？　33

6・壁画中的建筑有哪些现在已经消失？　41

7・敦煌壁画如何运用透视法描绘建筑？　46

8・为什么建筑画是建筑史断代的依据？　49

第二章　　多种文化交融的印迹

1・早期壁画中有哪些外来建筑形式？　55

目
录

2·壁画中为什么出现大量的塔？　61

3·早期佛塔的塔刹有何含意？　67

4·早期壁画中最大的佛塔什么样？　71

5·远古的华表为何装饰到塔刹上？　74

6·隋代壁画中的佛寺与塔如何紧密结合？　78

7·为什么中唐以后的壁画中出现许多弯曲的柱子？　82

8·盛唐壁画中为什么出现西域式建筑？　86

9·晚期壁画中为什么再次出现印度式塔？　91

10·为什么榆林窟3窟的建筑画风格迥异？　95

第三章　　佛国世界辉煌的寺院建筑

1·寺院建筑画是源自现实的寺院吗？　101

2·壁画中的寺院建筑群有哪些单体建筑？　103

3·壁画中如何表现隋代前后的寺院建筑？　107

目
录

4·壁画中如何表现初唐的寺院建筑？　112

5·初唐建筑画中寺院的露台怎样布置？　116

6·壁画中如何表现盛唐的寺院建筑？　119

7·盛唐壁画中的单体建筑有什么新特征？　122

8·壁画中如何表现中晚唐的寺院建筑？　127

9·中晚唐壁画中的单体建筑有什么新特征？　132

10·净土寺院大殿前为什么绘有大水池？　136

11·壁画中如何表现唐代以后的寺院建筑？　139

12·西夏壁画中为什么出现道教的神仙洞府？　143

第四章　多姿多彩的世俗建筑

1·敦煌壁画中最早的建筑什么样？　147

2·北凉至北周壁画中的住宅什么样？　152

3·隋代壁画中的民居什么样？　155

目录

4·宫廷建筑画出现在哪里？ 158

5·最早、最大、最完整的宫廷建筑画是哪一幅？ 163

6·历代壁画中的城都表现了哪些内容？ 166

7·唐及唐以后壁画中的城楼与城门有多少种形式？ 170

8·敦煌壁画中有唐代城市的缩影吗？ 173

9·唐及唐以后壁画中的民居建筑有什么特点？ 176

10·壁画中小型的世俗建筑还有哪些？ 182

第五章　时代特征与演变

1·中世纪如何进行建筑施工？ 187

2·早期房屋的台基和屋身有什么特点？ 191

3·隋代的斗栱是怎样演变的？ 194

目
录

4·早期的人字栱为什么发生演变？　　197

5·唐代斗栱是怎样演变的？　　200

6·吐蕃时期建筑画表现了什么特征？　　204

7·唐代以后斗栱如何演变的？　　207

8·壁画中的楼与阁是同一类建筑吗？　　210

9·建筑画中有多少种屋顶？　　214

10·建筑画中有鸱尾和鸱吻吗？　　218

附录　敦煌大事记

前言 | 凝 固 的 乐 章

建筑是人类文明的综合成果，因为它与人们的生产和生活息息相关，所以在绘画中反映建筑之美，是人们的爱好并有着悠久的传统，早在东周的漆器和战国的铜器上就有关于建筑的图象。汉代画像石上更是有大量的建筑形象，与敦煌邻近的酒泉、嘉峪关魏晋墓壁画中有坞堡和庄院，这些反映社会现实生活中的建筑画是形象的建筑历史。历史学家翦伯赞先生曾说过："我以为除了古人的遗物外，再没有一种史料比绘画雕刻更能反映出历史上社会之具体的形象。"

在漫长的历史长河中，我们的祖先曾建设了无数有名的都城和宫殿，创造了大量的木结构建筑如宫庭、衙署、府第、宗祠、民居等。随着佛教的传入和发展，又建造了大量的寺院、佛塔等佛教建筑，曾建于北魏洛阳的永宁寺塔是历史上最有名的大塔，据《洛阳伽蓝记》记载，永宁寺"中有九层浮图（浮图即塔）一所，架木为之，举高九十丈，有刹复高十丈，合去地一千尺，去京城百里已遥可见之"。记载虽有夸大之嫌，但也显示了它的壮丽景象。至唐代会昌年间，全国已有大中寺院五千余所，小寺庙达四万多所。唐代长安大慈恩寺的建筑规模达几十院共1897间，唐宣宗时所建的章敬寺"奢极壮丽，尽都市之材不足用，奏毁曲江及华清宫馆以给之，费逾万亿"，其豪奢程度及规模之大可想而知。唐代诗人杜牧的《阿房宫赋》

0-1 花砖贴面的城门 ◀

维摩诘经变中毗耶离城，城门为双门道，墩台上起平坐，上有三开间城楼，城门用花砖贴面，门首略作券形。实物遗存中只见有元代砖砌拱券，这里的弧形拱券，证明当时已偶有出现。有花砖贴面作装饰的形式有唐懿德太子墓壁画中的三重阙，阙台边沿均用花纹装饰。河南安阳修定寺唐塔外表，用多种形式的花砖贴面，制作精良，可见当时使用花砖作建筑物表面装饰，已是很成熟的技术，壁画中始见于吐蕃时期。

中唐 莫高窟231窟 东壁

0-2 大佛殿斗栱

大殿翼角的转角及补间铺作各一组，转角铺作作双抄双下昂，即是从柱头铺作上，栌斗口内向前挑出两跳华拱，从华拱跳头上出两跳下昂，第二跳昂头上出令拱及替木承檐檩。令拱中心出批竹昂形的耍头，是斗栱出现耍头最早的例子。

盛唐　莫高窟172窟　南壁

是否存在过，学术界还没有定论，但这些对宫殿建筑规模形象的描述，正是从他所处现实社会的豪华建筑中得到的印象。

由于木结构建筑易于损坏，再加之在历代改朝换代的战乱兵祸中，往往使一座城市转瞬之间就变为废墟。就是永宁寺塔，建成后仅一年就毁于大火。所以在中国广袤的土地上留存下来的古建筑实物很少，甚至没有一座唐代以前完整的组合建筑群落留下。佛教发展史上的"三武"之祸，使很多佛寺毁坏，又造成佛教文化的巨大损失。历史的悲剧，造成了中国古建筑历史资料的贫乏，敦煌壁画中提供了中古时期一千年历史中的各种建筑形象，虽然不是古建筑实物，却是建筑历史的形象资料，壁画中的反映基本上是可信的，并可以从大量典籍文献或考古发掘资料中得到佐证。如杜牧《阿房宫赋》中对建筑形象的描写，可在莫高窟盛唐172、148等窟中的大型经变画里巍峨壮丽的建筑场面中得到映证，诗歌与绘画对建筑的描述成为有益的互补。

记阿房宫是："五步一楼，十步一阁，廊腰缦回，檐牙高啄。各抱地势，钩心斗角……长桥卧波……复道行空"，现在有关阿房宫

敦煌壁画中通过宗教艺术保存下来了许多的建筑形象,不但给人们以赏心悦目的艺术享受,并以它丰富的内涵,相对准确的艺术形象,澄清了我们对于我国古代建筑的模糊认识。建筑学家梁思成先生曾说:"中国建筑属于中唐以前的实物现存的大部分是砖石佛塔,我们对于木构的殿堂房舍知识十分贫乏,最古的只到八五七年建造的(佛光寺)正殿一个孤例(梁先生写本文时,公元782年建造的五台山南禅寺还没有发现),而敦煌壁画中却有从北魏至元数以千计,或大或小,各型各类各式各样的建造图,无异为中国建筑史填补了空白的一章"。

0-3　五门道城楼　　　　　　　▼
弥勒菩萨居住的兜率天宫,宫城可看到正侧三面有城门,城垣转角处有角楼,正面城门与角楼之间增设敌楼,正中的城门作五个门道,上有三开间正楼与两旁的夹屋组成城楼。经考古证实,唐代长安天子之都的城门一般用三门道,只有正南直对宫城丹凤门的明德门用五道门,一般州郡的正南门作双门道。图中作五门道是最高的礼制等级,壁画中仅此一例。
晚唐　莫高窟138窟　北壁

第一章　虚 拟 与 真 实 交 相 辉 映

1·佛教石窟寺为什么绘制大量建筑画？

敦煌石窟艺术是建筑、彩塑、壁画三者相结合的统一体，其中之一的建筑，不仅只包括石窟本身，还包含了壁画中大量的建筑画。在这里保存的从十六国到元代一千年中创建的约四万多平方米的壁画中，建筑画的题材和形象非常丰富。

宗教是人创造的，人们按照一定的行为准则、思想意识、希望祈求、生活习惯等来塑造神。建筑是世俗众人的居住场所，因而佛教里的尊神也都被画在俗人的生活场景中。不同地域人们的居住建筑形式不同，所以不同地域里的佛教诸尊和诸神的居住建筑形式也各异，作为佛教绘画里表现的建筑形式，是根据佛经内容和当地习俗的形式绘制的。绘制出的建筑形象有殿、阙、堂、塔、城、楼、门等各种类型。

从北凉到北周这段时期的壁画里，绘出了很多故事画，有表现佛陀前生各世神奇事迹的"佛本生故事"，表现释迦牟尼出生到去世——涅槃之间神奇传说的"佛传故事"，及佛教教义宣扬的因果报应的"因缘故事"等，建筑画就是这些故事里的重要场景。如北魏254窟南壁的"舍身饲虎"图，是一幅"佛本生故事"画，画面中将几个主要故事情节揉合在一起，而在其左上角画一座三重塔，是埋藏尸骨的坟冢，而塔的形式是以中国传统的重楼建筑为主体，在塔顶上增加佛教的重要标志——塔刹。又如北魏257窟壁画中有多幅故事画，里面也出现了多种建筑形象，有坞壁、殿、门楼、殿阙、单层塔、覆钵塔等。

敦煌石窟的开凿在隋代得到很大发展。隋文帝是虔诚的佛教徒，曾普诏天下，听任百姓出家。史料记载"有僧行处，皆为立寺"。当时全国兴建寺院近三千八百所，大规模的建寺活动，为寺院壁画艺术

创作提供了机遇，建筑画也得到发展。隋代净土思想广泛流行，敦煌壁画中频频出现了《弥勒上生经》，佛经中说，弥勒菩萨居住的兜率天宫"四角有四宝柱，一一

1-1-2　殿堂与莲池　▲

七开间的殿堂，外面廊庑一周，内为五间的堂屋。殿堂屋顶为歇山顶。正脊两端有瘦而高的鸱尾，正脊在鸱尾外又延长出一段，说明山花部分出山较长。堂内的文殊菩萨坐须弥座，是天竺神人。维摩诘坐低坐，是华夏文人形象。堂前有曲岸荷池，岸边叠石为山，反映魏晋以来富豪人家造园的风尚。

隋　莫高窟423窟　西坡

1-1-1　殿堂与门楼　▶

在九色鹿故事中，国王与王后并坐在王宫殿内。前面的二层门楼，似在殿前，但按屋顶关系又似在殿侧。大门深嵌在墙中，门上有木过梁，门楼的二层上有栏杆。殿堂、门楼的墙上有壁带，用以加强墙体强度。殿堂、门楼的屋顶，都作前后两坡的悬山式，这种屋顶结构简单，壁画上不仅用于表现王宫，也表现在民居中，可能是当时广泛应用的一种屋顶形式。

北魏　莫高窟257窟　西壁

宝柱有千百楼阁"，因而就画出大殿和楼阁，以符合经文描述。还有其他如法华经变等也都出现大量的殿堂、住宅、院落、佛塔等建筑形象。

唐代佛教进一步发展，出现了更多的经变★，如阿弥陀经变、观无量寿经变、东方药师净土变等，据《佛说无量寿经》上记阿弥陀佛的"讲堂精舍、宫殿楼观皆七宝庄严，自然化成"，其他诸经都有类似的关于建筑的描述。甚至还描写得非常夸张，如"四边阶道，金、银、琉璃、玻璃合成，上有楼阁"等等。佛经来自印度，当在中国翻译时已经本土化了，在壁画绘制过程中，再经过画师们的精心创作，把人间壮丽辉煌的宫殿、寺观形象搬上了佛国，使虔诚的信众们在色彩斑斓的经变画面前，感受到佛国世界的巍峨壮丽，产生倾心的顶礼膜拜。如莫高窟盛唐172、148窟中大型经变画里描绘的寺院，展现了大唐盛世宏伟建筑空间的壮丽和庞大规模，观之者无不为此感到震憾和由衷的赞叹！

1-1-3 华丽的地面与台基 ▲

配殿地面和台基地面及台基四周的隔身板上用了各种不同的花纹和图案装饰，充分表现佛经讲述"四边阶道，金、银、琉璃、玻璃合成，上有楼阁"的华丽场景。

盛唐　莫高窟148窟　东壁北

知识库

★经变

经变，是专指将某一部佛经的主要内容或几部相关的佛经组成首尾完整、主次分明的大铺画幅。按佛经改编成的讲唱文学叫做"变文"，按佛经画的画叫做"变相"，亦叫"变"、"经变"。"经变"一词，最早见于完成于公元636年的《梁书》，说梁武帝命人"图诸经变"，而画家就是"一代冠绝"的张繇（或即画史上有名的张僧繇）。敦煌莫高窟壁画中有经变三十三种，持续时间长的有西方净土变、东方药师变、弥勒经变、法华经变、维摩诘经变，数量最多的是东方药师变。

2·莫高窟建筑画知多少？

在莫高窟全部492个有壁画的石窟中（近年来对莫高窟北区进行了考古发掘，又编号243个，在编号前增加了"B"，以区别以前的的编号，因此莫高窟石窟开凿总数应该是735个），通过这几年大量的石窟调查，对石窟中存有建筑画的石窟总数进行了统计，并且作了适当的分类，这对以后搞建筑画研究工作时就可以少走许多不必要的路程。

经过统计，莫高窟壁画中绘制有建筑画的石窟共有216座，这其中还划分出没有建筑画研究价值的石窟64座，此外还有6座石窟一直作为库房使用，在石窟调查时也无法进入，但这类石窟里的壁画保存情况或内容可能没有什么研究价值，所以才长期被作为库房使用。如将这类石窟也除去，那么有建筑画研究价值的石窟只有146座，而作为建筑画精品的石窟就更加少了。这类石窟中保存的内容不仅是建筑画精品，也是敦煌石窟的精品窟，而且很多石窟也是作为开放石窟，供广大的旅游观众参观。

作为有建筑画研究价值的精品窟按时代划分，大概有以下石窟：

1-2-1 双阙殿堂◀
在"沙弥守戒"故事画中，殿堂里坐着国王及侍从。殿堂的厚墙外侧各有一座单阙，成为一座双阙殿堂，屋顶为悬山顶，檐下悬挂帐帷。两坡屋顶仅画出很小的侧面，不能看出房屋的深度。
北魏　莫高窟257窟南壁

1-2-2　大型净土寺院　　　▲

画面以俯视角度，表现一座对称、多进的大型寺院。而中轴线上的大殿则以仰视的手法，使大殿更显宏伟高大。用移动的视线来展示宏伟的建筑空间，表现了众多单体建筑之间檐牙相接，错落有致的节奏与韵律感，与同窟北壁净土寺院同是盛唐建筑画的杰作。相对的两壁净土寺院，用不同的单体建筑组合，就形成各异的天际线，表现了唐代寺院布局的多样性。

盛唐　莫高窟172窟　　南壁

（1）十六国时期仅有为数不多的几座石窟，其中表现有大量建筑画的只有275窟。壁画中画出了两座有阙楼的城。

（2）北魏主要有257、254窟，表现的建筑种类有：双阙殿堂、宅院、塔等。这些建筑画与中原发现的汉墓出土的画像砖、陶楼院都有许多关联，因此可以说这些建筑画还保留有汉代建筑遗风。

（3）西魏主要有249、285窟，建筑画的种类有宫廷、殿堂、城等。在殿堂前保留了最早的障日板形式，这种用于东西朝向房屋前的遮阳板已没有实物留存，只在文献记载和敦煌壁画中还能看到。

（4）北周主要有290、296、428窟，

表现的种类有大量的宅院，宫城与宫廷、塔等。特别是两段式歇山顶殿堂的出现未见于前后时期。这种屋顶形式实物有四川雅安汉代高颐墓阙及四川其他汉阙和画像砖中，日本飞鸟时代的法隆寺所藏玉虫厨子也是两段式歇山屋顶，足见这是一种当时流行很广但流行时间不长的一种屋顶形式。

（5）隋代主要有３０２、３０３、４１９、４２０、４２３、４３３窟等。随着时代的发展，建筑也在发展，壁画中的建筑种类也比前几个时代增多，除延续前几代的形式外，出现了简单的组合佛寺，同时表现了建筑结构棗斗栱的演变。

（6）在敦煌石窟艺术的分期中，将唐代划分为初唐、盛唐、中唐（吐蕃）晚唐四个时期。其中，初唐有７１、２０５、２２０、３２１、３２３、３２９、３３１、３４１、４３１窟等，盛唐有４５、６６、１０３、１２３、１４８、１７２、２０８、２１７、３２０、４４５、４４６窟等。这里已明显看出唐代前两个时期建筑画的增多。同时在初、盛唐时期，用南北两墙绘制通壁大幅的经变画，用以表现大型佛寺。中唐既吐蕃时期有莫高窟１１２、１２６、１５８、１５９、２０１、２３１、２３７、３６１窟、榆林窟２５窟等。晚唐有９、１２、１４、８５、１３８、１５６、１９９窟等。自中唐起大幅经变画仍然占据南北两墙，除少量延续初、盛唐的形式外，又改变为一壁多幅的形式，并影响晚唐及以后各时代，表现建筑画的内容更多，建筑种类和形式亦更多，涉及到社会生活的各方面。

（7）五代主要有莫高窟６１、９８、１００、１４６窟，榆林窟３３窟等。

（8）宋代主要有５５、７６、４５４窟等。

（9）西夏主要有榆林窟３窟。

（10）元代没有大幅建筑画，仅有少量喇嘛塔。

中国建筑经过长期的发展，唐代达到鼎盛时期，因而也反映在敦煌壁画中。

自唐代以后，由于种种原因使得敦煌

1-2-3 群楼耸立的净土寺院 ▲

大型经变画的上部。中间的佛殿与配殿都是二层楼，大殿之后密集的布置着大量的单体建筑，形成千门万户、群楼耸立的场面，似有踵事增华之感，壁画中的建筑画日益走向程式化。

五代 莫高窟61窟 南壁

石窟进入衰退期，西夏在榆林窟开凿的第3窟是敦煌壁画建筑画最后的一抹夕阳余辉。

3·敦煌石窟根据什么绘制的建筑画？

石窟内四周墙壁上满画佛的传记、本生因缘故事，或是佛讲说的经典哲理，诱谕和教诲人们"苦海无边，回头是岸"。

由于佛经哲理深奥，文字海涩难懂，用绘画的形象艺术来演义其内容，较为容易使广大民众所接受。

壁画中表现的佛传、本生故事和佛教经典如阿弥陀经、观无量寿经、法华经、药师如来本愿经、弥勒上生经、弥勒下生经等20多种佛经内容，经过不同的佛教徒们的解读，再加上画家们的认识理解与想象，就铺陈衍译成场面壮阔、构图严谨的故事画与经变画，它们是构成各时代石窟壁画的主题。为了附会主题，在故事发展和经变内容中，穿插着各种建筑图象。

1-3-1 奏乐平阁 ◀
一种建筑小品。于小桥的转角栏杆处立四柱，之上建有出檐很短的腰檐，腰檐上有平坐栏杆，平坐上可容四五人坐在上面奏乐。平阁的形象在宫殿、寺观的大院落中，是空间形象的小点缀。莫高窟215窟的建筑画中也有平阁，形式与此稍有差别，它没有腰檐，完全是阁的下半部造型。

初唐 莫高窟341窟 北壁

1-3-2　三间小殿　　▲

阿弥陀净土变中的三间小殿，下有砖砌台基，分左右两阶，殿身比例适当，阑额下悬挂帷幔，庑殿屋顶，檐口呈缓和弧线，两侧翼角略向上举，正脊中部置火焰宝珠，脊两端鸱尾较大，鸱尾上部安有"拒鹊"，形如放射状的金属刺，用以防止鹊鸟栖息在鸱尾上，排泄粪便污染鸱尾，这种设施，古文献中有记载，壁画中仅盛唐的个别洞窟中有此表示。

盛唐　莫高窟445窟　南壁

在敦煌石窟开凿的一千年中的各时代，壁画中的建筑画把当时的城阙、宫殿、佛寺、民居等不同形象，象戏剧舞台上的大布景和道具一样穿插在绘画中。这些建筑画形象来源于当时现实生活中的实例，又经过画师高度的艺术概括和简化，如要表现一座宫城，壁画中主要见到的是宫城最具特征的城垣、女墙、城楼、宫门，城内的数座殿堂等等。而现实生活中的宫城，决不是如此简单，据考古发掘证明，北魏洛阳宫城的城门和宫门有15座之多，内中的殿、堂有12座，其他还有台、园林等。壁画中的寺院建筑画采用俯视角度，画出寺院的内部建筑组合，中唐之前的寺院不表现山门，只见回廊环绕间有高低几重露台、前后佛殿、两侧配殿及回廊两角上的角楼等。中唐以后表现了正面的三门（山门），院内建筑物增多，可能更接近于现实，但画面不及盛唐疏朗，有庞杂壅塞之嫌。现实中的唐代

1-3-3　五台山南禅寺佛殿　　▲
壁画中的小殿与现存的建筑实物如此相似，正如唐代《历代名画记》记载隋末唐初画家郑法士欲求杨契丹的画本，"杨引郑至朝堂，指宫阙、衣冠、车马曰：'此是吾画本'。"充分说明当时画家注重写实，以生活为样本。

寺院规模很大，史料记载，长安大慈恩寺"凡十余院，总一千八百九十七间"，章敬寺"凡有十院，屋四千余间"等，中唐159窟南壁一幅经变画在回廊围绕的寺院后院，将回廊向两侧延伸，明确表示出中院之外的两侧还有院落，是一座规模很大的寺院。而盛唐148窟东壁门两侧的大幅经变画，虽然只表现了中轴线上的两重院落，但辉宏疏朗的画面仍不失大唐盛世的气度。

随着时代的发展和绘画技巧的进步，壁画中的建筑形象无论从整体到局部，表现得更为真实完整，如组成建筑群的各种单体建筑有城门、城楼、角楼、殿堂、佛塔、楼阁、台榭、回廊等，还有厩舍、茅庵、草棚、屠房、邸店、监牢、桥梁、坟墓、烽燧等，它们用途各异，形式多样，几乎包括了各时代大部分的建筑类型。至于建筑的局部和细部如台基、须弥座、阶陛、散水、栏杆、柱枋、门窗、各种斗栱、屋檐、各式屋顶、瓦饰、脊饰、塔刹、相轮等都有具体细致的描画，成为造型优美，比例合度的建筑形象。因此可以说壁画中的建筑形象在一定程度上是现实的反映，有一定的可信度，作为一种形象艺术，画家不可能反映社会上不存在的事物。

1-3-4 城门与城楼 ▼

维摩诘经变中画的毗耶离城，有三门道，城台上起平坐栏杆，上建三开间有廊一周的城楼。城台表面为菱形花砖贴面。城台下大上小，收分显著。门扇上有门钉九行，门道上部作梯形梁架，由三根平梁与蜀柱构成，与一般用叉手的梁架有所区别。门楼用四阿顶，正脊两端出头，脊上的鸱尾已改变成鸱吻，这是鸱吻在壁画中出现的最早形像。

晚唐　莫高窟9窟　北壁

1—4—1　盛唐　莫高窟148窟内景

4·哪个窟的壁画建筑样式最多？

开凿于盛唐晚期规模最大的莫高窟148窟是一座涅槃★窟，窟内壁画内容丰富，规模宏大，绘制精良。窟中的涅槃变，观无量寿经变，药师经变，都是此类经变中的皇皇巨制，其余如弥勒经变、天请问经变也有其特殊之处。在这些经变里都有丰富的建筑形象。

涅槃窟重要的内容是涅槃经变，占据了西壁全部及南北壁一部分，在经变内容里出现的建筑形象有两座城和一座单层木塔。

其中城的形象很壮观，有一座城于正中起五开间城楼，歇山屋顶，城楼下隐约看出有两个门道的城门。侧面的城门为单门道，上有三开间歇山顶城楼，城垣的转角处出墩台，上有攒尖顶的角楼。这几座城楼，结构相似，体量逐渐变小，形成严格的主从比例

1-4-2 大型寺院建筑 ▼

巨幅的观无量寿经变中的大型寺院，主体建筑呈"凹"字形平面，前有大小八座露台，用多种不同形式的蹬道和阶梯与主体建筑连成一整体。据考证隋唐时宫殿、寺观一般都采用封闭式的廊院。盛唐经变中只画了佛殿、两廊及配殿一组凹形建筑群，省略了寺院正面的三门及两廊的形象，充分表现了寺院的内部空间。

盛唐 莫高窟148窟 东壁南侧

1-4-3　天空佛寺　　　　　　　　　　▲

兜率天宫是未来佛弥勒菩萨的天宫住所。建筑的平面呈"凸"字形，中部一大院，两侧各一小院，小院中又用回廊分隔为前后两进。正面回廊中有三开间的中门，左右两院各设偏门，形成三门之制。整座寺院布局合理，有一定的典型意义。

盛唐　莫高窟148窟　南壁上部

关系。

南北壁上部各表现一座完整的大型寺院即天宫寺院，是天宫建筑的精品之作。两寺院布局都呈"凸"字形平面。由大小五院组成中部一大院，左右各用两横廊和楼、堂将小院再分作两进。南壁寺院正面有横列的围廊共47间，若每间以3米计，该院落前的围廊长度为141米。应当是一所规模很大的寺院。围廊正中是三间单檐庑殿顶的门屋，在两侧小院的交接处另辟偏门，形成正面一中门二偏门的三门格局。大型寺院的三门，是按实际的交通功能而设置的，但佛家所谓三门又有三解脱之门的说法，把建筑赋予抽象

的宗教含义。北壁在天请问经变里的天宫寺院布局与南壁基本相似，只是正中的门屋变为门楼。

东壁在甬道南北两侧绘大幅观无量寿经变（约26.6平方米）与药师净土变（约33.2 平方米），表现了两座唐代大型寺院的内部景观，画面中下部开阔的空间有大小不等的几座出水露台，后部背景是一片

涅槃经变中的舍利塔，塔下为单层须弥座，塔身四面开敞，塔内置小型须弥座，供奉释迦牟尼的舍利。

盛唐　莫高窟148窟　北壁

庞大的寺院建筑群。在轴线中央，各自使用不同形式的前后两重佛殿、配殿、回廊、角楼、圆亭等层层高起，显现了寺院建筑群殿阁耸峙高潮迭起的景象，在巧妙的平面处理中求得不同的建筑空间变化。

东壁南侧经变画北边条幅上表现有宫城图，但却没有高大厚实的城墙与门楼，只用七道横廊围出六重不同布局的院落，再用树木修竹点缀其中，更显宫院内廊庑曲折，庭院幽深，表现了"帝宫九重"的意境。宫城里有一座八边形小殿，与现存日本奈良法隆寺东院的主体建筑——梦殿形式十分相似。宫城后有一座阁，初唐时大量使用的"阁"的形式，盛唐晚期已很稀少，此后阁的形象在敦煌壁画中就绝迹了。

此外悬山顶的门屋也是壁画中很少见的形式，只有两幅，其中一幅就在北侧经变画南边的条幅里。

莫高窟148窟的建筑画由于画幅大，所以还表现了许多建筑细部，如建筑上的斗栱、屋顶上的曲脊、廊下的铺地画砖、柱下的莲花柱础等。丰富的建筑形象资料使该窟成为敦煌石窟中集建筑画之大成于一窟的代表。

知识库

★涅槃

涅槃，梵文Nirvana的音译，又译"泥曰"、"泥洹"等，意译为"灭度"、"寂灭"、"无为"等，或称"般涅槃"、"般泥洹"，意译为"圆寂"等。涅槃是佛家修证的最高境界，指彻底地断除烦恼，具备一切功德，超脱生死轮回，入于"不生不灭"。

5·哪幅壁画的建筑数量最多？

开凿于五代的 61 窟是一座中心佛坛大型覆斗顶窟，根据中心佛坛上残存的狮子前爪和背屏上的狮尾判断，坛上原应该塑有骑狮子的文殊菩萨及侍从。这里是供奉文殊菩萨的洞窟。窟室西壁则是通壁巨制的文殊菩萨道场的五台山图，该画幅高 3.42 米，宽 13.45 米，面积约 46 平方米，因此该窟又称"文殊堂"。

五台山图是作为文殊菩萨的背景，画出了五台山方圆五百里的山川地貌，不失为一幅古代地形图。在这幅地图中绘满了大小 183 处建筑形象，是敦煌石窟壁画中绘制建筑最多的一幅图。其建筑类型和数量分别是：

（1）寺院：将有院落围绕的建筑组群归类为寺院，共有 26 处。其中很多寺院旁有墨书题记，据考证很多都曾在古代文献中有记载，如"大清凉之寺"在《古清凉传》和《广清凉传》里都有记载，而

1—5—1　五代 莫高窟 61 窟内景　▼

1-5-2　五台山图

莫高窟共有 7 处表现有五台山图，该窟是最大的一幅。在这幅图中，不仅表现了众多的建筑，而且还有关于五台山的各种传说，是集风土人情、历史传说、古代地图于一幅的极为珍贵的历史资料。

五代　莫高窟61窟　西壁

1—5—3　大佛光寺

五台山著名寺院之一。寺院为方形平面，廊庑一周，院中有二层佛殿，佛殿前有门楼，转角处有角楼。壁画中的大佛光寺只是概括的形象，而且还出现许多笔误，如寺院的正面门楼前正中处只画一窗，窗下却有台阶。这里本应该是开门的地方，而且这样的笔误还不止大佛光寺一处。

五代　莫高窟61窟　西壁

"大佛光之寺"中的一座大殿一直保存到现在，是我国古建筑中重要的唐代建筑之一。

（2）塔：独立山中的塔共有24处，且每一座塔的样式都不雷同，建塔的材料也是多样的。这些塔极大的丰富了五代及以前留存下来的数量不多且单调的古塔形象。

（3）草庐茅庵：形制源于印度，形象相似，共有41座。结草为庐，是禅僧在山中苦修的住所。图中许多草庵旁写有榜题，有些榜题与史书记载相符，如法照和尚庵、解脱和尚庵等都是著名的高僧，在一些高僧传记中有他们在五台山活动的记载。

（4）楼：以两层居多，共有6座。根据榜题有的明确记载为塔，如榜题为"无量寿塔"的形象，与"万圣之楼"的四层高楼形式相同，而与之相对的"应化度塔"，只在相同的四层高楼顶上增设了高耸的塔刹，就成为明白无误的塔，根据榜题和绘画的位置，它们应是大圣文殊真身殿前对称的两座塔。

（5）堂：图中有很多形式简单，没有院落的三开间小殿堂，坐落在砖台基上，共有63座。它们或位于通衢大道旁，或隐于绿树山涧中。这些堂屋旁很多都有榜题，据此可以分辨在画幅下部的通衢大道旁有7座旅店，店铺旁有踏碓舂米、推磨铡草喂牲畜的繁忙场景。其余的有很多榜题记为寺、兰若★、院、观的都是佛教建筑。如画幅上部隐于绿树山涧中的有"龙宫兰若"、"三世法界之寺"、"广化之院"、"华原观"等。

（6）城池：共有11座，绘于画幅下部。将这些有榜题辨认的城池连接，就是南北两条到达五台山的路线图，一条从太原出发，一条从河北镇州（今河北正定）出发。但也有个别例外，如榜题为"会应福寺"的，绘制的却是一座城门形式。

（7）桥：共有12座。形象有简有繁，如"五台县西南大桥"是一座规模较大的木桥，绘制的还算详细，但只绘出桥面上的望柱、栏杆等，省略了桥下的结构。

综观五台山图中绘制简单的建筑形象，呈现规律化趋势，如图中的"大佛光之寺"中的大殿，就与保存至今的佛光寺大殿（公元857年）完全不同，而且图中出

1-5-4 五台山佛光寺 ▼
现存五台山佛光寺大殿建于唐大中十一年（公元857年），大殿面阔七开间。建在弥勒大阁旧址上，殿内佛坛上布满彩塑，工艺精良，大殿是国内现存唐代木构建筑的杰作。

1-5-5　大清凉寺
画于五台山图中的大清凉寺，平面为方形，院中二层佛殿居中，两侧一边一座三层楼阁，另一边一座二层楼阁，形成不对称布局。
五代　莫高窟61窟　西壁

现了严重错误，整座寺院只见中间两层楼的正殿前完全敞开，其它房屋均不见有门，甚至正面的门楼前都没有辟门。这种形式图中还有很多处。除此外，在众多的建筑前绘制了在方圆五百里山间道路上的各阶层各色人物，以骑马、牵驴、徒步、肩挑等方式往来穿梭，汇聚成一幅形象生动、内容丰富的反映风土人情、建筑、山水式的古代地图。

1-5-6　三重楼阁式砖石塔
砖石建造的三重楼阁式塔，下有砖砌台基，上绕朱栏。每层塔身有圆券龛，迭涩出檐，上用山花蕉叶及朱栏围绕。塔顶在山花蕉叶之上有两重复钵，塔刹由五重相轮与两重宝盖组成，有链系于第三层两旁的山花蕉叶上。整座塔造型挺拔，一旁有墨书"释迦真身塔"。
五代　莫高窟61窟　西壁

知识库

★ 兰若

兰若，梵语Aranyaka或Aranya的音译的略称，全称"阿兰若"、"阿练若"、"阿兰若迦"。原意为树林，意译为"寂静处"、"空闲处"、"无净声"、"远离处"、"空家"。原是僧侣们洁身修行之处，后成为寺庙的另一种称谓。

画中的建筑画就是这一过程的见证。

6·壁画中的建筑有哪些现在已经消失？

敦煌石窟的开凿延续了一千年，壁画中的建筑画也有一千年的历史，这正是中国古代建筑不断发展的重要时期。在古代建筑的发展中，不断有新的建筑形式出现，必将也有旧的建筑形式消亡，敦煌壁

"阙"的形象如今多见的是汉代遗存

1-6-1 高台虹桥 ▼

壁画上的四座高台建筑，平面为四方形，立面呈梯形，上小下大，台上出宽大的平坐栏杆，上建三开间殿屋，其间用虹桥相连。这里用以表现《观无量寿经》中 "宝楼观"中的宝楼。在《戒坛图经》律宗寺院图中，台为砖石所建，其上建屋，称为钟台和经台，盛唐217窟就有相同形式的钟台、经台。初唐 莫高窟431窟 西壁

的实物和画像砖中的形象，因此称为"汉阙"，在敦煌石窟中保存有北朝时期的殿阙和城阙形象，说明"阙"的使用情况在敦煌一直从汉代延续到北朝时期。

"台"是一种古老的建筑类型，春秋战国时曾经是当时建筑的主体，在河北邯郸和山东临淄及陕西咸阳都遗留下了体量很大的土台，现在称为高台建筑。随着建筑技术的发展，高台建筑逐渐退出。留下许多颂扬高台的名诗、名句，供后人凭吊、想象。三国曹操营建邺都，修建了铜雀、金虎、冰井三台，中间用阁道式浮桥相连接。三台中铜雀台最为壮观，成为诗人笔下的咏颂对象，著名的有唐代诗人杜牧在《赤壁》中的"东风不与周郎便，铜雀春深锁二乔"名句等。壁画中的高台表面，还用几种颜色的方块图案有规律的绘满，表现的是用琉璃砖镶砌的台。在《广弘明集》中，描写隋炀帝观灯的场面，曾有"钟发琉璃台"的诗句，说的即是用琉璃砖镶砌的钟台。

"平阁"是初唐、盛唐壁画中出现的一种小型建筑，在宫殿、寺观的院落中，是空间形象的小点缀。壁画中的平阁有两种形式，一种如初唐341窟露台之间的小桥上，于小桥的四角立柱，柱上有斗栱、短椽，上建低矮的栏杆平台，台上有伎乐数人正在盘坐演奏。另一种如445窟于一台基上立柱，柱上建平坐栏杆，上有伎乐六人在用乐器演奏。与341窟的区别在于它没有腰檐，完全是阁的下半部造型。

对这种有伎乐演奏的木构高台的名称，一直没有合适的建筑名称。后发现《邺中记》里记有"石虎正会置三十部鼓吹，三十步置一部，十二皆在平阁上，去地丈余，又有

1-6-2　新疆出土的木平阁 ▼

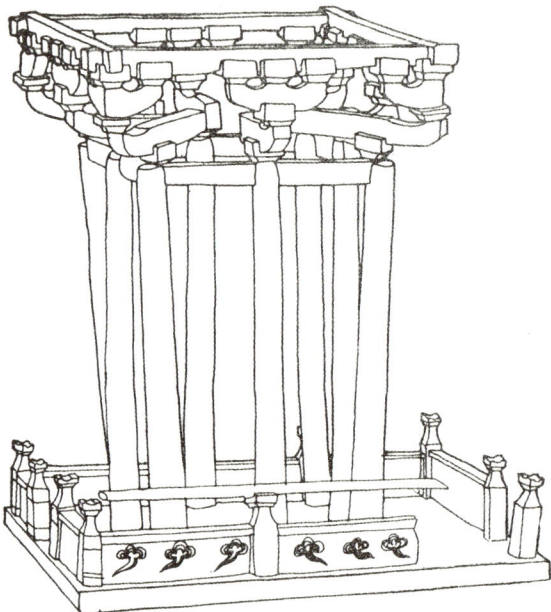

1-6-3　四座高台　　　　　　（见40页图）
画在"十六观"中的"宝楼观"，用四座高台集中布置成高台建筑群，形成一组观赏性建筑。宋代名画《金明池夺标图》中的水殿，以及现存北京北海前的团城，都有相似的意趣。
盛唐　莫高窟217窟　北壁

1-6-4 平阁乐台 ▲
盛唐少有的一例。这座平阁柱网建于台基上，柱头
上有平坐栏杆，上有伎乐演奏。它的形象完全是阁
下半部的造型。
盛唐 莫高窟445窟 南壁

1-6-5 配殿障日板 ◀

位于大殿侧面左右相对的三开间配殿，檐下有一个向上撑起的障日板，上画宝相团花。配殿通常位于大殿的东西两侧，因日照强烈，故用障日板遮阳。

初唐 莫高窟338窟 龛壁

女鼓吹。"文献记载与壁画中所见有伎乐的木构高台正好吻合，于是得知这就是"平阁"。在新疆吐鲁番唐代墓葬阿斯塔那墓★出土有木台，发掘时称为"椁"，在拼图时由于还不知它的形式与用途，甚至将其倒置，如果按照壁画形式拼装，就与壁画中的平阁相同，证明了壁画中所画的建筑形象，来自于现实，只是早已消亡，以至现在不认识了。

除以上几种较大的建筑外，还有许多建筑中的小构件，如早期建筑墙上的"壁带"、早期与初唐屋檐下的"障日板"等也基本消失了。

"壁带"是早期房屋墙壁上用以增加了墙体强度的一种结构构件，人们在制作时也使它具有了装饰性，唐人对汉代昭阳宫壁带的解释："壁之横木如带者也。于壁带之中，往往以金为釭，若车釭之形也"。以后随着建筑技术的提高，墙壁不再承担承重的作用，壁带也基本消失了。

"障日板"在西魏、隋代、初唐壁画中多处出现，自盛唐以后就基本不见踪迹了。唐人撰《寺塔记》平康坊菩提寺有"佛殿东西障日"。宋《营造法式》记载："障日板……施之于格子门及门、窗之上"，壁画里很直观地用于配殿的门前或窗前，还表现了由简到繁的演变。

知识库

★阿斯塔那墓

位于新疆维吾尔自治区吐鲁番东南阿斯塔村，年代约为公元3世纪中期至8世纪末。1959至1975年清理墓葬近400座。墓群按照年代先后可分为3期：第1期为晋至十六国时期(公元273～460)；第2期为高昌国时期(公元460～640年)；第3期为唐西州时期(公元640～782年)。所有墓葬皆为土洞墓，绘有壁画。出土大量丝、棉、麻、毛织品，汉文文书、古籍、彩绘木、泥俑、绢本纸本绘画以及大量陶器、瓷器、雕塑、墓志、手工艺品、少数民族文字木牌等。

7．敦煌壁画如何运用透视法描绘建筑？

在中国古代文献中，最早论述绘画透视技法的见于南朝宋宗炳（公元375—443年）的《画山水序》中记："竖画三尺，当千仞之高；横墨数尺，体百里之迥。"敦煌壁画早期的狩猎图中表现古人驰骋山林，追捕猛兽的场景，就充分体现了千仞之高的大山和百里之迥的旷野。随后有宋人郭熙《林泉高致》和沈括《梦溪笔谈》

1-7-1 大型净土寺院 ▶
在寺院的纵轴线上，近处是出于水中的平坐与露台，后面是三进大殿、佛阁等中心建筑，佛殿两侧的配殿又是一殿二楼的组合。众多的殿、阁、楼、堂共同组成迭宕起伏的天际轮廓线，庄严宏伟。这是有代表性的净土变建筑画，大唐盛世的画家提供给后世最完美的建筑信息，也反映了唐代绘画高超的透视技法。
盛唐 莫高窟172窟 北壁

1-7-2 单层多宝塔 ◀
《法华经·见宝塔品》中的单层塔。因塔外两侧坐释伽佛及多宝佛，所以称为多宝塔。塔下有叠涩须弥座，安置在覆莲上，方形的塔身两侧立柱，组成廊子一周。上部是完全中国化的四角攒尖大屋顶，屋檐两翼角用直线折角起翘，是壁画中檐口变化的开始。在这座塔的塔基上运用了简单的透视技法，使塔整体显得稳重。
隋 莫高窟276窟 西坡

的绘画论著里，都有关于绘画透视技法的论述。如今有关古代绘画中是如何运用透视技法的，在遗存不多的古代绘画中可窥见一斑。而在保留了四万多平方米古代绘画的敦煌石窟中，无论是山水画，还是建

筑画，都可以看到古人对绘画透视技法的灵活运用。

　　敦煌壁画中的建筑画自开凿石窟，绘制壁画起，就伴随始终。早期建筑画在表现单体或院落组合中都运用了透视技法，如北凉壁画上的城阙可以看到墙的两面。宫城或宅院用俯视角度绘出城中建筑等。早期壁画中使用的透视方法有些可以用现代透视理论去理解，如北周428窟有一座五塔组合的金刚宝座塔，运用透视画法中的心点透视法绘出。有的却不然，如北魏254窟"萨埵太子本生"故事中的三重塔，塔身用俯视角度绘出，塔基则用平视法表现。近年有画家从美术构图的思路进行研究，"体会到将塔檐画为俯视而塔基为平视的良苦用心，佛塔在表现升华之势时又包含了向下稳定的力"。

从初唐起，用一整壁表现一铺大型经变，经变中利用建筑作背景，逐渐形成寺院建筑的格局。到盛唐时寺院建筑画中的单体建筑变化多样，形式优美。在建筑画的绘画技法上灵活运用了透视技法。如莫高窟172窟南北两壁都为整壁大幅的经变画，画面里大量的建筑画成为佛、菩萨、伎乐活动的平台。画面构图整体采用俯视的角度，鸟瞰整座寺院及寺院后面沟壑山水，意境深远；而寺院后部的角楼与中部的主体建筑——大殿则运用仰视角度，看到的是"仰画飞檐"，如沈括在《梦溪笔谈》中记宋初画家"又李成画山上亭馆及楼塔之类，皆仰画飞檐。其说以谓自下望上，如人平地望塔檐间，见其榱桷"。在敦煌壁画的寺院建筑画中，这样的透视绘画技法早于宋代几百年，在初唐就已形成。在这幅大型建筑画中，如果套用宋人郭熙提出的"三远" ★、"可居"、"可游"的透视理论来分析，首先是用"三远"中的"高远"法构图，纵览全寺及远处山水的地平线，然后用"可居"、"可游"的移位透视法

解决"仰画飞檐"的效果。从正面仰视可以完美表现佛的形象，而佛周围及后面通透的配殿、曲折的回廊等则使人感到"若可嗫蹑足"地进入画面里去可居、可游。

1-7-3 净土寺院 　　　　　（见16页图）
净土寺院的轴线上方有大佛殿，殿两侧在回廊转角的屋顶上有角楼，佛殿两侧有配殿，与回廊结合构成凹形平面。画面以佛为中心，上部为仰视角度，下部为俯视角度，形成中部大，上下小的多视点透视。
盛唐　莫高窟320窟　北壁

知识库

★三远

山水画构图法，即高远法、深远法、平远法。语出宋代郭熙《林泉高致》："山有三远：自山下而仰山巅，谓之高远；自山前而窥山后，谓之深远；自近山而望远山，谓之平远。高远之色清明，深远之色重晦，平远之色有明有晦；高远之势突兀，深远之意重叠，平远之意冲融而缥缥缈缈。"郭熙在《林泉高致》中还主张山水画表现的出景物不但要"可行"、"可望"，而且要画出"可居"、"可游"的特性，主张师法自然，画出四时朝暮之分，阴晴雨雪之变，无疑较前人画论进了一大步。

8·为什么建筑画是建筑史断代的依据？

　　敦煌石窟中大约有45000多平方米的壁画。这些壁画中包含了大量的建筑画，分布在各时代开凿的石窟里，成为研究中国建筑史不可缺少的重要依据。要根据壁画中的建筑形象研究中国建筑历史的发展演变，首先要确定壁画的绘制时代。这项工作自上世纪初敦煌石窟藏经洞★遗书遭受西方列强盗购以后，就引起了世人的注意。当时

很多国学大师在研究敦煌石室遗书时，也对石窟壁画内容和时代划分作了大量的工作。其中，国画大师张大千在敦煌临摹壁画时，就对壁画内容和绘制时代作过考证。1943年莫高窟收归国有，成立第一个保护与研究机构后，就设立了考古组，对壁画进行时代划分。1949年新中国成立后，对敦煌石窟的保护和研究更加重视，增强研究人员的力量，开展石窟保护维修工程，改善残破的石窟面貌，便于人们进出每一座石窟，为开展研究工作奠定了基础。经过几代人不懈的努力工作，对莫高窟壁画内容的时代考证结果，终于收在上世纪80年代出版的《敦煌莫高窟内容总录》和《敦煌莫高窟供养人题记》之中。这为研究中国各个历史方面的内容，包括研

1-8-1　造窟纪年发愿文　　　　　▼
西魏285窟北壁迦叶佛说法图下提写的发愿文，文末有"大代大魏大统四年（公元538年）岁次戊午八月中旬造"。图中是同壁西起的第五铺发愿文，后有"大代大魏大统五年（公元539年）五月廿一日造讫"。这两则题记是莫高窟最早的造像纪年。
西魏　莫高窟285窟　北壁

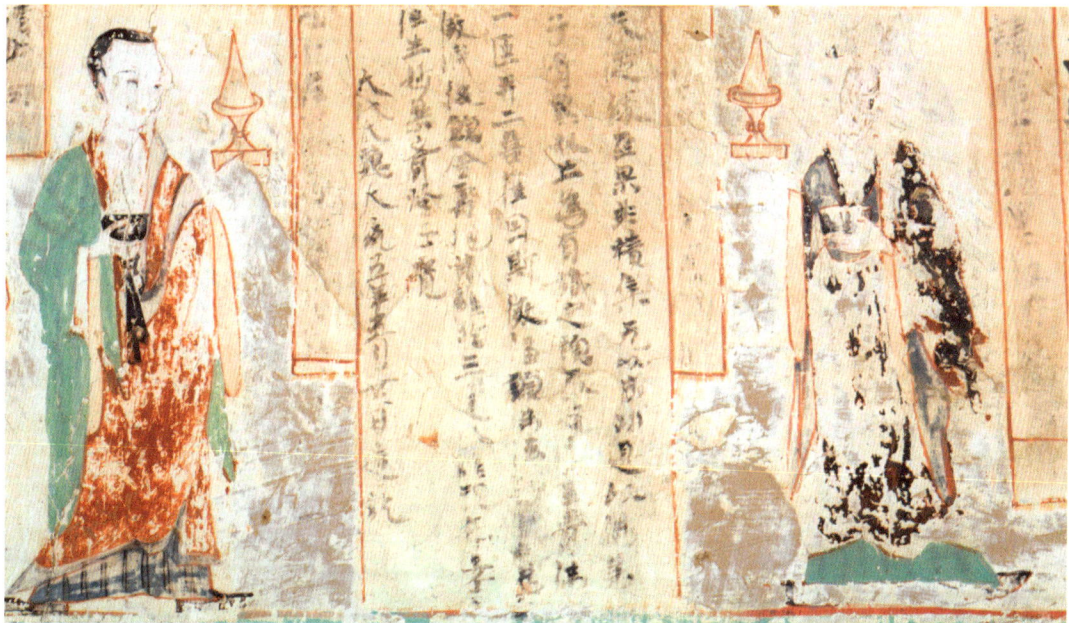

究中国建筑史的发展提供了方便。

对石窟壁画绘制时代的划分主要依据几个因素：首先在壁画上寻找有纪年的题记，这是最直接且很重要的证据，其次是寻找供养人题记，再从历史资料里寻找人物活动的年代，这其中又离不开敦煌藏经洞遗书。如果以上两个证据都没有的，就从壁画艺术研究入手，包含各时代绘制壁画的手法、绘画风格以及使用颜料的不同等。而利用有纪年题记的石窟作为衡量同一时代艺术风格的尺子也是一种方式。利用考古学的排年方式也是有效的方法之一。通过种种科学严谨的研究方法以后，在《敦煌莫高窟内容总录》里，对石窟中的每一块壁画几乎都有确切的年代定位。

自从《敦煌莫高窟内容总录》出版以后，对壁画内容绘制的年代研究仍然没有中断，研究的视野和手法也更加开阔、先进，继而在20世纪90年代又出版了《敦煌石窟内容总录》，将敦煌周边的一些中小型石窟群都纳入其中，除《莫高窟内容总录》外，又加入了《敦煌西千佛洞内容总录》、《安西榆林窟内容总录》、《安西东千佛洞内容总录》、《肃北五个庙石窟内容总录》。这些石窟都在古敦煌郡或瓜沙二州的地域之内，有统一的地域风貌，又属于相同的文化艺术体系，由此共同构成了"敦煌石窟"。

随着国力的不断增强，被西方列强掠夺的敦煌遗书资料也陆续出版公布，研究人员从这些资料中发现并编写出版了《敦煌莫高窟史研究》，进一步确定了一些石窟的开凿绘制年代。另外用现代科学技术开展的壁画颜料化学物理分析，也为壁画绘制年代的定位提供了科学依据。以上从各方位、各角度、各种方法和手段为壁画绘制年代的准确定位工作仍在继续。这些工作成果为研究中国历史的人们提供了极大的方便，同样为中国建筑史研究的人们提供了方便，他们可以根据石窟开凿绘制的断代史，通过建筑画中的形象为中国建筑史的断代提供形象依据。

1-8-2　悬山顶门屋与院落　▶

药师净土变的"十二大愿"中画在寺院里斋僧燃灯祈福的场面。由侧面乌头门进入寺院内，又经一悬山顶门屋进入内院。内院正殿中供有七重灯轮一座，殿旁竖一幡杆，杆上长幡飘拂。厢房内正在供佛与斋僧，院中有一桌斋饭，几个仆役在一旁劳作。反映当时宗教活动的忙碌景象，它可能就是当时一般小型寺院的真实布局。该窟前室立《大唐陇西李府君修功德碑记》石碑一块，碑上的纪年为唐大历十一年（公元776年）。该窟是唐前期与后期的分界，公元781年吐蕃占领敦煌。

盛唐　莫高窟148窟　东壁

1-8-3 单层多宝塔

法华经变中的多宝塔。塔下是装饰华丽的须弥座台基，台基上下及慢道均有栏杆。塔身两侧立柱，柱头上安放大斗及替木（托木），上承柱头枋与塔檐，所有构件都满饰珠宝。塔顶又用一重须弥座，上建覆钵、塔刹、宝盖、火焰宝珠。塔檐两边立幢，檐下两边挂幡及柱子上的镶嵌等都是吐蕃式的装饰形式。根据窟室的供养人题记及敦煌藏经洞出土、后

被法国人伯希和盗走的文书《大番故敦煌郡莫高窟阴处士公修功德记》确认，该窟是敦煌世家大族阴家开凿的。立碑时间是"岁次已未四月壬子朔十五日丙寅建"，即唐文宗开成四年（公元839年），正是吐蕃统治时期。

中唐　莫高窟231窟　南壁

知识库

★藏经洞

清光绪二十六年五月二十六日（1900年6月22日），住在敦煌莫高窟下寺的道士王圆篆在清理石窟内的积沙时，在晚唐16窟甬道的北壁发现了藏经洞。洞内封存了4至11世纪初的文献、绢画、纸画、法器等各类文物，约计5万件，5千余种。这些来自丝绸之路的中世纪珍宝，为研究中国及中亚古代历史、地理、宗教、经济、政治、民族、语言、文学、艺术、科技等提供了数量巨大、内容极为丰富的珍贵数据，被誉为"中古时代的百科全书"、"古代学术的海洋"。可惜由于当时国家衰败，后被英、法、俄、日考古学者盗购一空。

第二章 多种文化交融的印迹

1·早期壁画中有哪些外来建筑形式？

据史书记载，佛教在汉代时就已传入我国，但当朝禁止汉人出家。《高僧传》记载："初传其道，惟听西域人得立寺都邑，以奉其神。其汉人皆不得出家，魏承汉制，亦循前轨。"敦煌位于佛教东传的交通要道上，在莫高窟开凿之前，敦煌已有佛教活动了，到"魏黄初中（公元220～226年），中国人始依佛戒，剃发为僧"。随着禁令的取消，敦煌很快就出现了许多胡汉高僧被载入《高僧传》，佛教在敦煌得到迅速发展。

十六国、北朝时期中国北方各少数民族政权更迭频繁，由于他们多数都信仰佛教，

一时使佛教的蔓延比以前更为迅速，莫高窟石窟的开凿就在这样的背景下出现了。

佛教艺术经由中亚传入我国，经新疆、过敦煌，穿河西、达至中原。敦煌首当其冲，较早的接受了佛教文化，魏晋十六国时期的敦煌，已经有了较高的本土文化，这一时期的石窟艺术，表现了在汉文化基础上的兼收并蓄，并努力使其与本土文化相融和。因此，在石窟营造过程中，都或多或少的受到西域风格的影响，同时又表现出本土文化顽强的生命力。

敦煌的佛教文化直接来源于西域，所以窟室中西域形式的斗四平棊、圆券拱、葱头形龛楣、希腊式柱头等西域建筑中的个别形象也和谐的出现在石窟中。

斗四平棊图案的使用早在汉代中原墓室中就已出现，汉字的"囱"就是这种形式的象形文字，是用原木层层套叠而成的斗四形象的天窗，至今在新疆帕米尔高

2-1-1 圆券式天宫图

自莫高窟开凿起，就在窟室上部绘天宫图，最早的天宫图都是连续的圆券式，如北凉272窟，发展到北魏，出现两种形式，其一是圆券与两坡屋顶相间组合形式，融入了汉地建筑，连续的圆券式天宫图保持了西域特色。

北魏 莫高窟251窟 北壁东侧

原的塔吉克民居中仍然在延用。莫高窟在最早的北凉石窟中出现，采用模仿的浮塑★形式表现，到北魏时已完全改为绘画形式，隋代以后逐渐消失。

圆券拱最早出现在莫高窟北凉开凿的殿堂窟272窟顶上，在藻井四周用以表现天宫建筑，由连续的圆券拱组成。圆券形建筑形象来源于印度，可以在印度及中亚石窟中见到。北魏初期在四壁上部一周画天宫建筑，仍然延用连续的圆券拱形式，以后逐渐改变成由一个圆券形门屋与一个汉式悬山屋顶门屋相间排列组合，这种中西合壁式的建筑形象，是对外来的佛教艺术作了适当的调

2-1-2 北凉莫高窟268窟内景 ▼
该窟开凿于北凉，是莫高窟最早的石窟之一，属小型石窟。西壁开一龛，内有交脚佛像一身。浮塑的斗四平棊窟顶，南北壁各两个小禅室被隋代部分改绘，现存小禅室里的壁画和南北壁即为隋代所绘。

2-1-3 希腊式柱头 ▲
最早的三座北凉石窟之一。西壁圆券龛下两侧画两
龛柱，柱身下部为梭柱形式，上部柱头作爱奥尼卷
旋形，是莫高窟壁画受犍陀罗文化影响明证之一。
北凉 莫高窟268窟 西壁

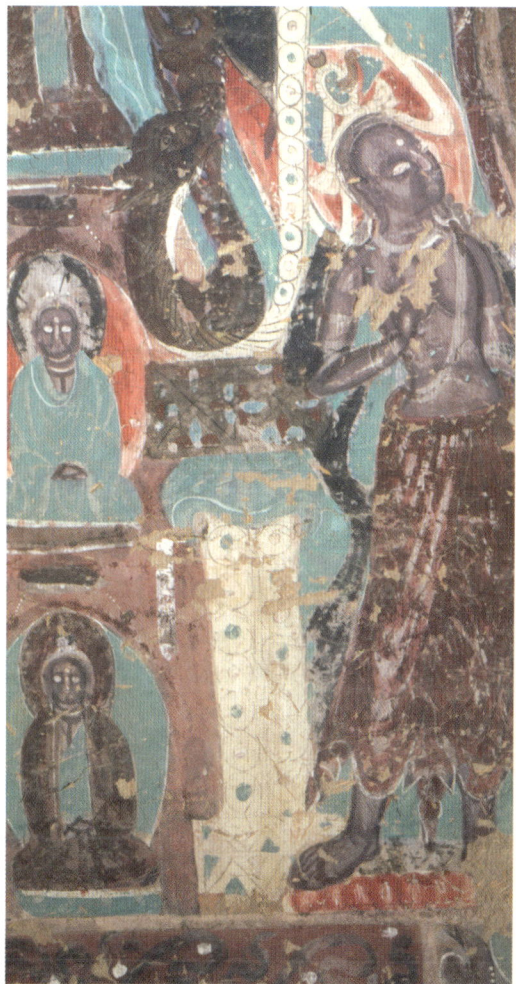

2-1-4 绘有图案的龛柱 ▲
图中粗短的柱子上绘有图案，柱头用布帛包裹，其
上再是矩形装饰承托着兽首龙。属早期壁画中不多
见的外来建筑形式。
北魏 莫高窟254窟 西壁

知识库

★浮塑

　　彩塑艺术之一。在平面上塑出凸起的形象。如塑像的衣服、飘带，佛像的头光、身光、靠背及人字坡的背、檐等。莫高窟的浮塑主要用于表现洞窟中附属于龛、窟顶和佛坛等的装饰部分，大都仿木构建筑的部件，又均施以色彩或彩绘纹样。

2-1-5　窟顶装饰　◄

从这座窟顶可以同时看到多种中西结合的建筑形式。首先在汉式的两坡屋顶中间加了一排中亚传入的斗四平棊图案。其次在两坡山墙上装饰着一周天官伎乐图案，形成一圈天官建筑，最早的天官建筑为连续的圆券形，到这时已渐变为圆券形和两坡屋顶相间组合的形式。

西魏　莫高窟248窟

佛教窟室增加了内在动感。

葱头形龛楣也经历了由模仿浮塑形式向绘画形式转变，直至消亡的演变过程。

希腊式柱头在敦煌石窟中出现不多，但还是留下了西域影响的轨迹。

早期石窟中出现的西域影响，在中原佛教日益发展中，终被汉地文化取代，这是敦煌本土文化始终是汉文化影响的一个重要区域的原因，同时又可以吸纳外来文化，以丰富本土文化，才使得如今的敦煌在世界文化史上占据重要的地位。

整，以适应当时当地的民情风俗及审美习惯的折中处理。同时在四壁上部一周这样处理还起到一种图案装饰的作用，不至于太单调，有韵律感。隋代时在窟室上部一周已减化成一圈凹凸的天官栏杆，上面有飞天旋转翱翔，轻盈飘舞的飞天为肃穆的

2-1-6 彩绘龛楣 ▼

这是一个早期坐禅的禅龛，内中的塔为元代修建。禅龛上部的葱头形龛楣已完全由绘画形式代替，比浮塑龛楣的画面更加丰富绚丽。龛楣外沿画连续的忍冬纹，象征火焰，紧靠禅龛上半部绘龛梁，象征草芦边沿。中间的图案枝叶饱满，色彩厚重，对称的图案两侧各绘一只长尾鸟，生动有趣，是龛楣图案的代表作之一。

西魏　莫高窟285窟　北壁

2·壁画中为什么出现大量的塔？

在中国建筑史的各种建筑类型中，塔的起源较晚，早期文字中没有这个字，随着佛教传入中国后，根据梵文的音译才造了"塔"字。塔的最初形式是埋葬佛骨（舍利）的坟冢，源自古印度的窣堵坡★。印度的窣堵坡是礼佛的重要象征，常被建造在寺院中间，受到佛教徒的礼拜。佛教传入中国后，按佛经说建塔可以得大福报，因此从印度经中亚到我国新疆，在古代被泛称为西域的地方都曾建有很多窣堵坡。

南北朝时期佛教兴盛，修庙建塔成为建筑活动的一个潮流。《洛阳伽蓝记》记述了永宁寺"中有九层浮图一所，架木为之，举高九十丈，有刹，复高十丈，合去地一千尺"。足以证明当时建塔技术已相当发达。《魏书·释老志》记述敦煌"多有塔寺"，而今在酒泉、敦煌等地发现11座北凉时的小型石塔。

敦煌壁画中的塔，形式多样种类繁多，建塔的材料也是多种多样的，但主要

2-2-1 窣堵坡 ▶
钟形塔身，下有两重台基，正面有阶道，塔身正面开火焰形龛，平头上是扁平的覆钵，上置七重相轮及火焰宝珠。塔刹比例高大，此类塔形，多见于中亚各地。
北周　莫高窟301窟　北壁

以砖石和木材为主，砖石塔以覆钵形的窣堵坡为主。木材建造的塔以汉地传统的殿屋或重楼建筑为主，在这些殿屋或重楼顶上加上塔的重要标志——塔刹，就满足了佛教的需要。还有以砖石和木材结合建成的塔，这类塔融合中西，造型更加灵活。

砖石塔从一开始出现就不只是简单的模仿，有些塔接近印度窣堵坡的原形，但很多塔都力图突破窣堵坡的形制，融入汉地本土的民族特征，如北周301窟一座窣堵坡，较多的保持了传播路途中的中亚形式，隋代也有同样的窣堵坡，同时还有变形的窣堵坡，变形的是塔刹，高耸的刹杆上没有相轮，刹

2-2-2　陕西法门寺塔地宫出土的铜塔　　▼

顶的火焰宝珠下是一十字相交的华表木，华表下起四链系于塔刹平头四角，链和华表上悬挂铎铃。唐代以后，窣堵坡的形式更是变化万千，塔身的覆钵形式有方有圆，而方形窣堵坡本身就是一种改变。圆形覆钵更有圆肚形、喇叭口形等等。五代61窟还出现重楼形的砖石塔，在塔顶上部成窣堵坡形式。

木材建造的单层塔以盛唐23窟的多宝塔和148窟的舍利塔为代表，塔下部是一座三开间的小殿屋，四角攒尖的屋顶上建塔刹的平头，上起相轮、宝盖、火珠等，宝盖下垂四链，悬拌铎铃。莫高窟23窟的多宝塔形式还见于陕西法门寺塔下地宫中出土的一件铜塔模型。由于当时的建塔风气，还影响到其他建筑上，如莫高窟217窟的钟台和123窟的二层阁顶上就装饰成塔刹形式，因唐代塔刹造型华丽，有很强的装饰效果，以后各朝代也频频出现在其他建筑类型上。木材建造的重楼形塔自初唐出现，一直延续到宋代，五代61窟五台山图中就有多种形式的重楼形塔。敦煌石窟中较高的重楼塔应该是榆林窟33窟的七层宝塔。

中唐敦煌受吐蕃影响，单层木塔出现模仿砖石塔的覆钵形式，并影响以后各代，最具代表性的是中唐361窟佛寺中间的二层重楼大殿，殿身两层柱子都在上部弯曲呈覆钵状的一座殿塔形式。五代、宋时期有很多这类型的塔，其中五代454窟西坡的塔就是中

2-2-3 单层多宝塔 ▲

"见宝塔品"中画一单层木塔，须弥座的台基上有两重栏杆，形成稳定华丽的塔座，平坐上建三开间小殿，当心间敞开，两次间有直棱窗。四角攒尖的塔顶上有高大的塔刹，宝盖下用四链系于四角，链上悬金铃。从盛唐起这种木塔在壁画上所见甚多。陕西省扶风县法门寺地宫出土的金铜塔造型，与此塔非常相似，说明此式塔形曾广泛流行。

盛唐　莫高窟23窟　南壁

2-2-4　七重塔（最高的塔）　◀

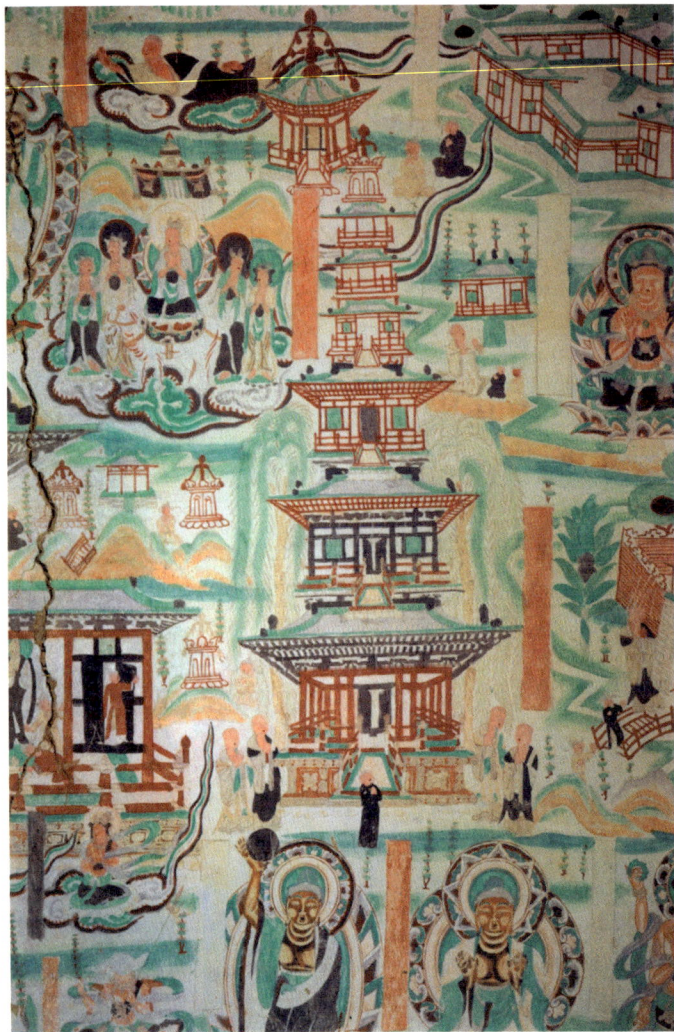

按佛教解释，七重塔是表示古印度摩竭陀国佛陀代耶山杖林中的大塔，图中表示的是中国传统的重楼式的七重宝塔，造型特殊。宝塔从一至六层都是三开间方形木结构殿堂形式，面宽层层递减，愈上愈小，第七层则是一座窣堵坡形式。

五代　榆林窟33窟　前室南壁

唐覆钵形木塔的延续，同时也是莫高窟壁画中最大的塔。

　　由砖石与木材结合建造的塔，最早有北魏254窟三重楼塔，以后有西魏的"金刚宝座"塔，直到五代榆林窟36窟天王手中的塔，它们都融合了中西建筑形式，极大的丰富了敦煌壁画中塔的形象。

知识库

★窣堵坡

　　窣堵坡，梵文Stupa，中国古代塔的音译，亦译作"佛图"、"浮图"、"浮屠"，即印度坟冢。指用土、石聚集起来，以供奉和安置佛舍利、经文和各种法器的台子。最初的形式为圆冢，至阿育王时（公元前3世纪），始造覆钵式塔，由台基、半球形覆钵、平头（祭坛）、竿、伞五部分组成。中国古塔有多种形式，是印度窣堵坡与中国重楼式建筑结合的产物。

2-2-5　大屋顶窣堵坡

画在毗沙门天王手中的塔。在美丽的莲花中间有一小覆钵，圆形攒尖的大屋顶好象一顶大草帽盖在覆钵上，屋顶中间是相轮塔刹，顶端有伞盖与宝珠，两边悬挂链与铎。整体造型好似一个精巧的工艺品。

五代　榆林窟36窟　前室南壁

2-2-6　多宝大木塔（壁画中最大的塔）　▲

多宝塔为三开间单层木构塔，塔内有释迦与多宝佛并坐，塔形与唐代所见单层塔相似，唯檐柱在由额以上向内弯曲。柱头承接阑额，之上再是斗栱。檐端飞头上画帐形仰阳版式的镶板木格作为塔檐。顶上有重层须弥座，上接七重相轮、伞盖、仰月、宝珠组成塔刹，伞盖下有四链悬金铎系于四角。塔身的木构件上全部经过彩画。檐顶的仰阳版用沥粉堆金的纹饰，形成繁复的装饰风格，有吐蕃建筑遗风。

宋　莫高窟454窟　西坡

2-3-1　悬挂大幡的塔　▶

"沙弥守戒"故事里的舍利塔，形式为在汉式小殿屋顶上伸出一座窣堵坡。塔为砖石结构，下有须弥座塔基，中间是一间小殿屋式的塔身，屋面有瓦垅，檐口平直，至翼角处卷起如弯勾，正脊两端是弯勾状的鸱尾。塔刹顶左右悬挂大幡，长可及地，据佛经上说悬幡可以得大福报。

北魏　莫高窟257窟　南壁

3·早期佛塔的塔刹有何含意？

壁画中出现塔的形象自北魏开始，以后从没有间断。但早期从北魏到北周的塔刹上大都留有西域的佛塔塔刹印记，主要有：塔刹上悬幡，刹顶为三宝珠形式。这些形式在佛教传播途中经过的巴基斯坦有"三宝礼拜"造像石，在古道"罽宾道"上有公元5、6世纪摩崖刻画的悬幡塔的形象，直到新疆克孜尔石窟★壁画中的三宝与悬幡塔刹形象，再到敦煌壁画中早期塔刹，不难看出这种形式的传播路途。

这种塔刹的特殊意义主要有：一是塔刹上悬幡。莫高窟257窟的两塔均悬挂一对长幡，428窟的金刚宝座塔上则悬两对长幡，悬幡是为了祈福。敦煌文献《百缘经略要》中记有一人在塔上悬长幡而得大福报的故事，新疆也沿袭了此种习俗。据《洛阳伽蓝记》记载，当时有敦煌人宋云出

使西域见到当地上千的塔上"悬幡盖亦有万计"，幡上还有北魏年号，甚至还有姚秦时候的幡。宋云去西域求法，携带了大量宫廷和士宦人家的幡，从于阗到犍陀罗，凡有佛事的地方"悉皆流布，唯留太后百尺幡一口，拟奉尸毗"。可见当时的确有很长的幡。现在新疆克孜尔石窟及库木吐拉石窟壁画中的窣堵坡上亦悬挂长幡，莫高窟早期北魏到北周一百多年间的壁画上也在窣堵坡上悬挂长幡。《魏书·释老志》记："敦煌地接西域，道俗交

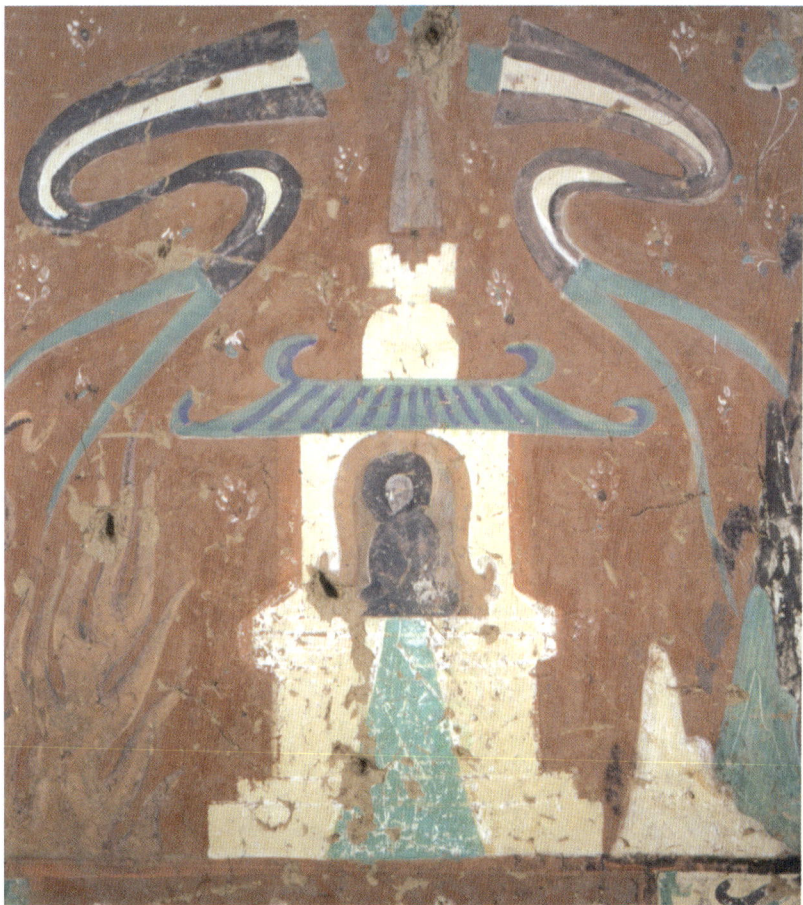

2-3-2　巴基斯坦白沙瓦博物馆造像石"三宝礼拜"▲

2-3-3　克孜尔107窟中的塔　　　　▲

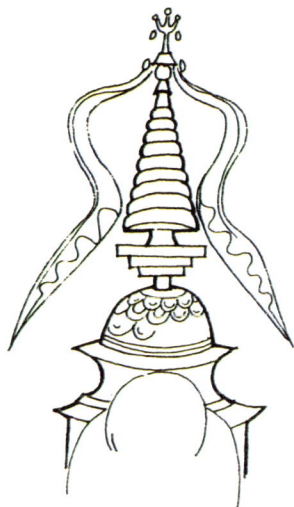

2-3-4　克孜尔205窟中的塔　　　　▲

得，其旧式村坞相属，多有塔寺。"可能那时敦煌地域的塔上就有悬幡的习俗，所以才在壁画中得以表现。

二是关于刹顶的处理。北魏时期的254、257窟的塔刹上均有三宝珠形式。其中254窟南壁三重塔的刹顶用三个菱形表示成三叉形状，每一个向上的菱形尖上有一个宝珠，形成三叉上附三宝珠的形式。257窟的两座塔上，由于壁画变色和剥蚀严重，塔刹细部已难于辨别清楚，但刹顶仍可看出是由三宝珠组成。新疆克孜尔石窟壁画中的塔与莫高窟这两窟中的塔刹很相似，亦有三叉三宝珠形或三宝珠形式。北周428窟的金刚宝座塔主塔之外的四小塔刹顶上亦有一组三角形的三宝珠。

据《贤者五戒经》上说，"旋塔三匝者，表敬三尊，一佛、二法、三僧"，是为三宝。塔上的三环、三珠或三轮，都是用形象表示三宝的意义。礼敬三宝，就要右绕佛塔，这种宗教仪轨起源很早，在现在的考古资料中可见印度巴尔胡特塔（约公元前150年至前100年）和桑奇大塔（约公元前2世纪）上的礼拜浮雕图象有塔、菩提树、佛座、法轮、佛足迹和三宝标。随着佛教的发展和传播，在塔刹上置三宝，与塔共同组成礼拜对象，使塔成为寺院中的主体建筑。这是早期寺院的特征之一。

莫高窟到隋、唐、五代壁画中的塔上没

2-3-5 三宝珠供养的三重塔 ▶

"萨埵饲虎本生"故事中的三层重楼式塔,是萨埵王子的舍利塔。塔基为三层台阶形,塔身平面呈四方形,立面层层收小,四面开门。塔刹顶部的三宝珠,表示佛教的"佛、法、僧"三宝,是北魏壁画中佛塔的特征。

北魏 莫高窟254窟 南壁

2-3-6 寺院幡杆

(见下页图)

寺院前的两座露台之间用小桥相连,桥两端竖立三根龙头幡杆,下部有幡杆夹。幡原悬挂在塔刹上,隋唐以后改为寺院的一种设施,悬挂在杆顶的幡随风飘舞,为幽静的寺院增加了生动的气氛。

初唐 莫高窟331窟 南壁

有了"三宝",也不再悬幡,而在经变画的佛寺里另立幡杆,如初唐331窟南壁的露台小桥边立有幡杆,顶端长幡飞舞。唐代诗人白敏中记明福寺里"植修茎以飞幡",唐太宗《咏兴国寺佛前幡》写"……屈伸烟雾里,低举白云中,……念兹轻薄质,无翅强摇空"。

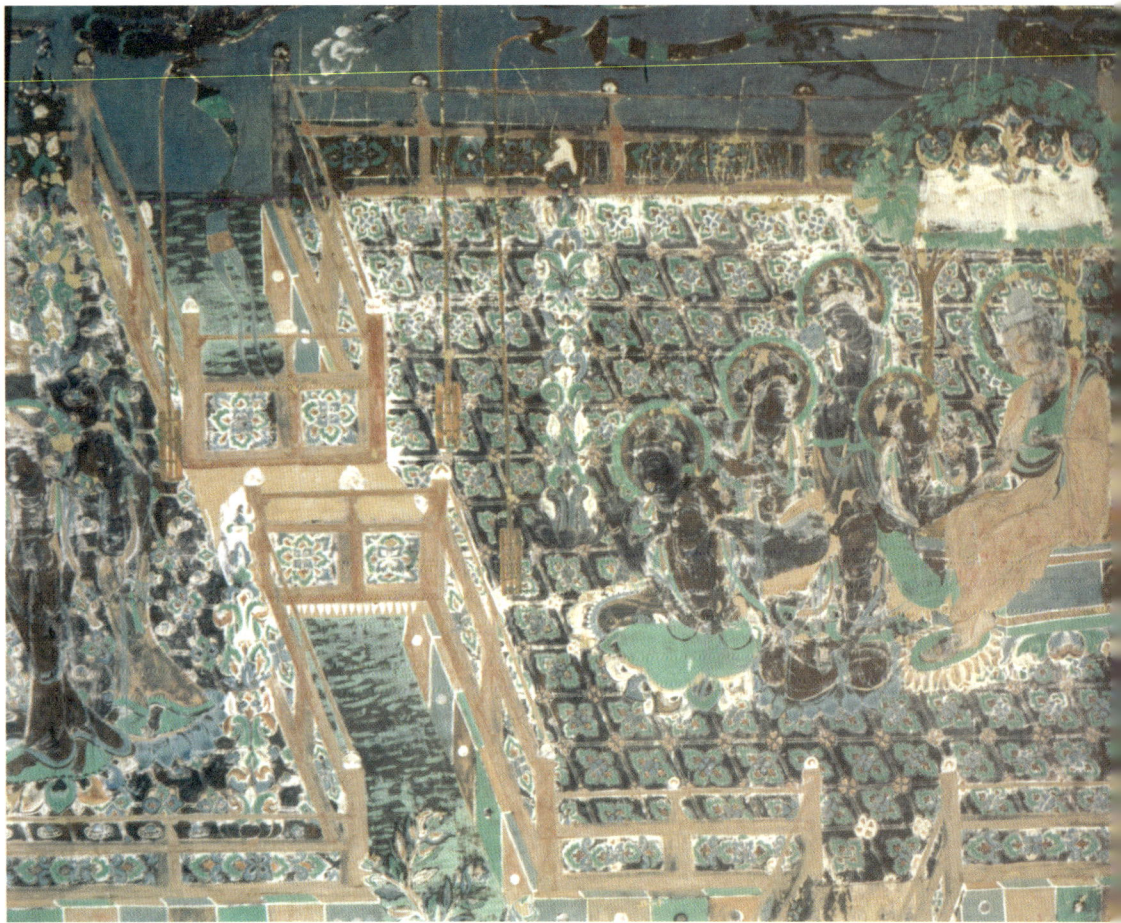

知识库

★克孜尔石窟

石窟位于新疆维吾尔自治区拜城县。始建于3世纪末或4世纪初，止于7世纪末或8世纪初。中国迄今发现时代最早的的石窟群。按宗教活动功能分为佛堂、讲堂、说戒堂、僧房和其他生活用房。其中，佛堂的形制与结构大致分为中心柱窟和像坛窟两类。中心柱窟分前室、主室和后室3进。平面多为长方形，也有数个佛堂共用一个前室的。主室平面呈方形或长方形，纵券顶。四壁和窟顶满绘壁画。像坛窟平面呈方形，穹隆顶，后部中央设佛坛。讲堂分前室和主室，四壁绘壁画。主室呈方形，窟顶有拱券、穹隆和覆斗3种形式。僧房通常为2进洞窟，分前室和居室，用白灰泥墙，无壁画。按时间大致可分为早、中、晚3期。早期洞窟以中心柱窟、大像窟和僧房窟为主，但中心柱窟无前后室。中期洞窟出现了较多的方形窟。此时的中心柱窟出现方形前室，增大了后室。主室窟顶除纵券外，还出现穹隆、覆斗、平棊、一面坡等多种形式。晚期洞窟类型同于中期，但规模较小，形制和题材趋于简化。

4·早期壁画中最大的佛塔什么样?

莫高窟早期壁画中最大的佛塔是北周428窟西壁的一座五塔组合的大塔,建筑史学家们均称此塔为金刚宝座塔。据近年敦煌研究院有专家考证认为此种塔应该称为"五分法身塔",按照佛教的解释,所谓"五分法身"就是戒、定、慧、解脱及解脱见知等五身,五塔既是五身的象征。

428窟的五塔组合,其建塔材料应该是砖木结合修建的,这里虽然是壁画,但描绘得很具体。正中一座四层大塔,置于重层方台基上,第二层台基用小方块色彩表示为砖砌。塔身下两层较低,第一层正中设圆券门,第二层

上下均有突出塔体的平板式檐板,两檐之间有四个金刚力士,实际上这两层也应属于塔的基座,这样塔基就成为四层。

第三、四层才应是塔身。第三层在砖石塔身前,有三间四柱承托的木檐,四柱上有斗栱,下部有栏杆围绕。塔身正中有大于当心间的圆券门,门内绘摩耶夫人诞生释迦的场面。第四层的塔身形式与第三层相似,只是柱子斗栱之上有平板式的出

2-4-1 金刚宝座塔 ▶
此塔是莫高窟早期壁画中规模最大,最壮观的一座塔。建筑史学家们将五塔组合形式称为"金刚宝座塔"。塔内表现佛的传记,是一种纪念。全塔由四座小塔围绕一座大塔组成五塔形式。中部大塔共分四层,在三四层中间分别绘释迦诞生及禅定像。整座塔造型别致、画面壮观。
北周 莫高窟428窟 西壁

2-4-2 四门单层塔 ◀
方塔用轴侧透视技法表现了塔的两个面，台基下是覆莲，台基每面有台阶，周边用栏杆围绕。塔身有显著收分呈弧形。四层叠涩塔檐的四角各置一座小窣堵坡，组成五塔形式。塔顶置一大覆钵，相轮由下小上大的伞盖组成，好似翩翩欲飞的蝴蝶。
五代　莫高窟340窟　甬道顶

较瘦狭的砖石塔身，塔身两侧有檐柱两根，上有斗栱。一、二层上均有挑出的平板式塔檐。二、三层柱下部有栏杆，中间有壁带。塔顶上作受花覆钵，上有八、九重不等的相轮塔刹，刹端有双重仰月，仰月间作三宝珠以示礼敬三宝。

檐，出檐之上是纵向类似三角桁架的人字栱结构，再上有直坡形的屋顶，屋面有瓦垅。在四柱之间有一佛二胁侍菩萨的布局，表示释迦的禅定形象。

塔刹在第四层的木檐正中有一金翅鸟，鸟两侧为受花，上有较偏平且饰以莲瓣的覆钵。覆钵上有高耸巨大的塔刹，上有七重相轮，顶端是仰月宝珠。仰月两侧分悬四幅巨大的长幡。以上是大塔组成的各部分。

四小塔分置在大塔四角，是四个形状相同的三层重楼式小塔，方形基座上三层

整组塔两侧有四大天王守护，天空中有飞天翱翔，祥云缭绕，天花乱坠，充分表现出庄重的宗教气氛。

这种由五塔组成的塔形，早已被人们认同，通称为金刚宝座塔。据传古印度摩揭陀国佛陀迦耶菩提树下是释迦牟尼成道时的坐处，称为金刚座，喻其坚不可摧岿然不动之意，后人在其附近佛陀迦耶建大塔，由五塔组成。现新疆交河古城遗址内一座土塔亦是五塔布局。此外敦煌石窟在五代、西夏壁画亦有五塔的组合形式。中国现存五

知识库

★密宗

密宗，又称密教，是大乘佛教的一个教派——秘密佛教的略称。自称是受法身佛大日如来深奥秘密教旨传授，为"真实"言教，故称"密教"。密宗将其他佛教派别的教义，都视为释迦牟尼佛公开宣讲的佛法教义，故称之为"显教"。密宗起源于公元2世纪，是大乘佛教与印度教和印度民间信仰融合的产物。于公元2世纪后半叶，随着大乘佛教陆续传入中国。

塔组合形式的塔，共有十多座，多为明清时受密宗★影响所建，有北京西郊明代建的真觉寺塔，呼和浩特五塔召金刚宝座塔等。莫高窟428窟壁画所画的五塔组合的金刚宝座塔，是早期的形象资料。

2-4-3　花塔　▶

花塔塔身呈多重"亞"字形平面的须弥座式，塔顶四隅各有一座小塔。中心塔刹是四层莲花瓣，层层莲瓣上又有一小塔，花蕾中间的大屋顶单层塔上，以宝珠状塔刹结束，形成四塔拱卫，五塔并峙的造型。这是壁画中仅有的花塔形象，莫高窟有宋代实物，花塔出现于宋、辽、金时代的北方各地。

西夏　榆林窟3窟　东壁

5·远古的华表为何装饰到塔刹上?

华表的起源很早,传说远古时期的尧和舜在路口或大道旁树立木柱,让百姓把治国的意见写在柱子上,因此又称为"桓表"、"谤木"。《古今注·问答释义》记载:"程雅问曰:'尧设诽谤之木,何也?'答曰:'今之华表木也,以横木交柱头,状若花也,形似桔槔,大路交衢悉设焉,或谓之表木,以表示王者纳谏也。'"到汉代时,华表已失去原有的意义,成为一种标志。如山东沂南汉代画像石墓★中有两组相对的建筑,在建筑屋顶上立柱,柱上有"横木交柱头,状若花也"的十字叉,新近有专家研究,认为这里应该是一组邮亭,引《说文·木部》:"桓,邮亭表也。《系传》:'亭邮立木为表,交木于其嵩,则谓之华表。'"又引《汉书》:"旧亭传于四角面百步筑土四方,上有屋,屋上有柱出,高丈余,有大板贯柱四出,名曰桓表。"

塔是随着佛教的传入而产生的一种新的建筑形式,在传入过程中,有完全西域形式的塔,有在中国的高楼顶上装饰佛教标志的塔刹,成为高楼式的佛塔,更有在传统的殿阙建筑中起方形塔柱"恒出屋外",成为殿阙式塔。发展到隋代,塔上悬挂的大幡没有了,却将在汉代已转变了性质和意义的华表装饰在西域的窣堵坡塔刹顶上,且在十字交木端头上悬金铎,将外来的建筑形式上加上传统的建筑符号。这种形式只见于隋代419、302窟中。

莫高窟302窟密檐塔的塔刹上有相轮三重,相轮之上是十字形的华表木,十字端头悬挂铎铃,以宝珠作结。莫高窟419窟有两座塔的塔刹是在覆钵上立刹杆,没有相轮。刹顶有火焰宝珠,刹杆上有四链系于四角,链上分段悬挂铎铃。刹顶的火

2-5-1　天安门前华表　　　▼

焰宝珠下，是一个十字刹表，悬挂四铎。

由于将华表用于塔刹上的形象很少见，也不见于历史记载，就权且称之为刹表吧。这种形象除敦煌石窟外，在甘肃武山水帘洞石窟的北周壁画中也看到，以浮塑形式表现，在刹顶的宝珠之下，有方菱形中间画十字交木形式的华表木。北周与隋代相隔时间不远，当时中原有此形式的佛塔存在，才在沿途留下了它们的倩影。

隋代壁画中的这类塔刹形象，只有一根独立的刹杆，其上没有相轮，刹杆顶端是十字相交的华表木，华表木下有四链挂铎系于四角，整个刹杆唯有顶上的火焰宝珠仍是佛教的标志。隋以后这种形式再没有出现，而刹顶上系于四角的四链挂铎形式，则是唐代以后常见的表现方式。

2-5-2 竖华表的窣堵坡

"萨埵本生"故事里的舍利塔。钟形的塔身上置平头，之上再作扁平的覆钵。塔的特殊之处在于覆钵上不作塔刹、相轮，而树立一根刹杆，杆上有十字相交的横木，是古代华表的形象，莫高窟仅隋代壁画中有三例。

隋　莫高窟419窟　西坡

知识库

★沂南汉代画像石墓

汉墓位于山东沂南北寨村。1954年发掘的1号墓为石结构，由墓门、前、中、后3个主室和3个东侧室，2个西侧室组成。墓曾被盗，仅出土少量的陶器碎片和铜镞。墓内有画像石42块，画像73幅，总面积442平方米，主要分布于墓门和三个主室。画像内容包括战争、祭祀吊唁、伏羲女娲、车骑出行、乐舞百戏、宴饮庖厨、人物故事等，还有神化故事、先禽神兽等图案。画像多采用减地平面线刻手法，少量使用为阴线刻、透雕技法。该墓中的画像内容丰富，雕刻技法娴熟，风格浑厚，是汉代晚期画像石艺术的杰作。

2-5-3　竖华表的密檐塔 ◀
密檐式塔的高台基上有较大
的方形塔身，所见的两面均有
圆券门，上有宽大的一层出
檐，之上有三层密檐层层相
接，上有覆钵、塔刹和相轮。
刹顶的宝珠下是十字相交的
横木，每一横木头悬铎一个。
隋　莫高窟302窟　西坡

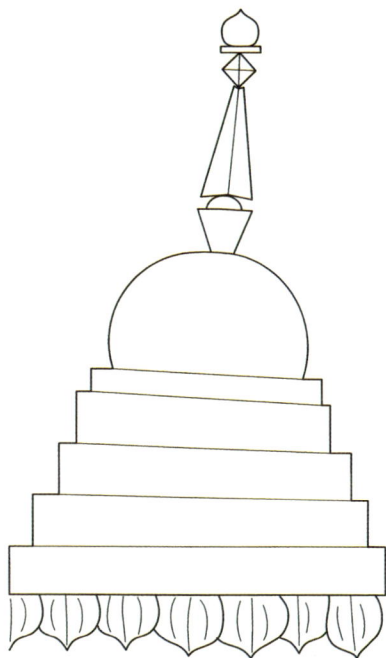

2-5-5　竖华表的灯轮 ▼
药师经变中佛两侧供有9层的
灯轮，灯轮中间竖立高高的木
柱，柱子上部有十字交叉的表
木。整座灯轮形状犹如覆钵塔
形式，中间高耸的木柱和十字
表木与419窟覆钵塔上的塔刹
相似。
隋　莫高窟433窟　东坡

2-5-4　甘肃武山水帘洞石窟壁画中的覆钵塔 ▲

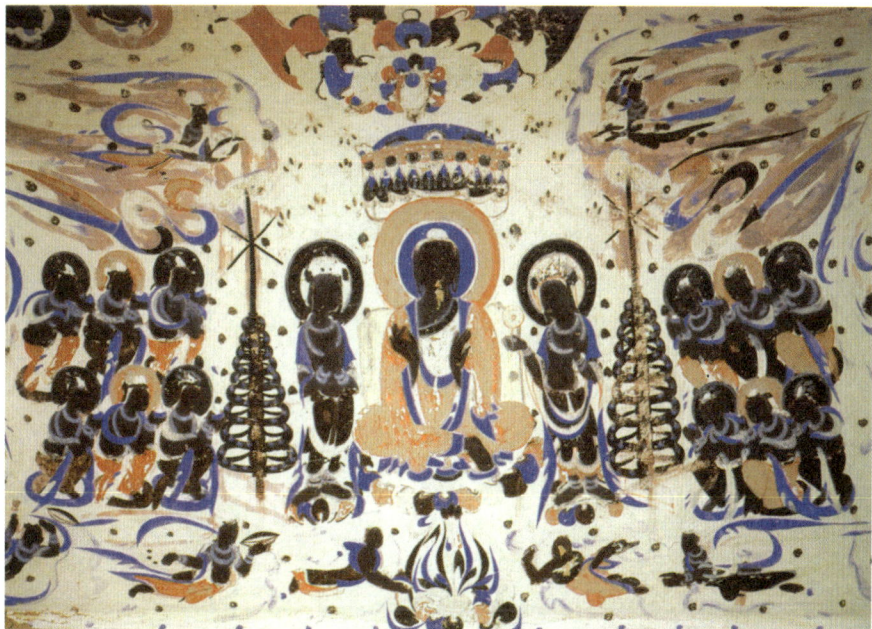

早期壁画中的中心塔柱窟就是一种佛寺与塔结合的塔庙式的石窟形制，云岗石窟有很好的开凿条件，所以在石窟内开凿塔庙形石窟时，可以将窟室中的塔雕刻的很精细，而敦煌石窟开凿的崖壁不可能将中心塔柱窟的中心柱雕刻成精细的塔，只能粗略的开凿成方形石柱，而在地面建筑的佛寺中，有西域式的中心塔柱式的塔庙佛寺，如新疆交河古城的一些佛寺里保存下来的中间方柱，就是佛寺中的塔柱，上部伸出屋顶，作成覆钵形的塔顶和高大的塔刹。除了西域式的塔庙佛寺，汉地也可能有在室内建塔的佛寺，才能影响到石窟壁画中，如莫高窟419窟窟顶的本生故事画中就出现一座塔庙形的佛寺，而且是敦煌石窟中唯一的塔庙形佛寺。

这座塔庙形佛寺表现了塔在寺庙中的位置，形式基本保持了印度与中亚的塔庙形制。塔是建在一座三间的大殿内，大殿屋檐下的阑额上悬挂四条长幡，檐口边还悬挂着四个铃铎，明确表示为一座佛教寺院教建筑。佛殿内有窣堵坡一座，钟形的覆钵塔身前有

2-6-1 北京法源寺内供奉的窣堵坡

2-6-2 塔庙　　　　　　　　　　　▲

三开间的殿堂内置窣堵坡，信徒们在塔周围跪拜。
堂外檐柱上均悬幡，檐口边悬铎，表明了它的宗教
性质。印度佛教石窟中有窣堵坡的建筑，称为"支
提"亦称塔庙，中国现存寺院中，还保留有在殿堂
内建窣堵坡的(附线图)。

隋　莫高窟419窟　东坡

圆券形的门，门上有尖拱券门楣，塔身
上部围绕一周莲瓣，塔顶置叠涩而出的平
头，平头中间扁平的覆钵上有刹杆一根，
没有相轮，只在顶端交叉有十字形的华表
木，每一华表木顶端悬铎铃一个。塔的
形式大部分保持了中亚形式，而塔刹顶端
使用的华表木融入中国古老的传统形式。

2-6-3　窣堵坡　　　　　　　◀

高耸的覆钵式塔身上，正面有圆券门，覆钵上有忍冬花纹装饰，叠涩的平头上有比例高大的塔刹。塔的整体比例与中亚佛塔相近。

隋　莫高窟303窟　北壁

坡，可见这种宗教传统源远流长。虽然壁画中仅此一座佛寺与塔紧密结合的塔庙形式。但它却诠释了塔庙组合形式的中国化进程。

在印度，塔象征着佛的涅槃，是佛教的圣物。传到中国后，塔往往建在山川形胜之地，和固有的风水观念相结合，虽然它是佛教建筑，但在人们的印象中，似乎具有更为广泛的意义。

与印度和中亚所不同的是，窣堵坡建在具有中国传统形式的殿堂建筑内。按印度石窟的形制，供礼拜用的建筑空间中有塔，称为"支提"（梵文Chaitya），意译称"塔堂"或"塔庙"。中亚考古发掘的寺院遗址，也在室中建塔。直到现在，北京故宫、法源寺、西藏布达拉宫、青海湟中塔尔寺★的大金瓦殿内，均供奉大窣堵

知识库

★塔尔寺

全称衮本绛巴林。藏传佛教格鲁派（黄教）寺院。位于青海省湟中县鲁沙尔镇西南。建于明嘉靖三十九年至万历五年（1560～1577年）。占地面积45万平方米。主要建筑依山傍塬，有大金瓦殿、大经堂、弥勒殿、九间殿、花寺、小金瓦殿、居巴扎仓、丁科扎仓、大拉浪、大厨房、如意宝塔等。据说大金瓦寺内的窣堵坡是埋藏明代喇嘛教的大师宗喀巴胞衣的舍利塔。该寺是黄教六大寺之中运用汉、回传统建筑手法最多的一处，是中国汉藏合璧建筑群的范例。

7 · 为什么中唐以后的壁画中出现许多弯曲的柱子？

用木材作框架，以"秦砖汉瓦"作围护的建造历史，造就了中国独特的建筑体系。用木构架搭建的房屋，上有青瓦覆盖，下有砖石作台基，使外观上形成台基、屋身、屋顶三部分。房屋的屋身主要由柱子布置成柱网，用以支撑上部的梁、枋、椽、檩等水平的承重构件，所以柱子必需直立，才能有效地支撑上部结构的各种荷载。这是力学条件决定的，如果柱子弯曲变形超过一定限度，构件则可能受到损坏，严重时柱子上部承受的屋顶亦可能受到破坏，因此在现实中还没有发现木建筑受力立柱被加工成为弯曲状的实例，因为它违背建筑的力学原则。

敦煌壁画中唐以前描绘的建筑物都遵循了这一原则，变化多样的屋顶，直立的屋身，宽大的台基。而中唐吐蕃时期直至五代、宋，许多窟室内出现向内弯曲的柱子，有的柱子上部甚至呈"S"形的弯曲状，这样的木柱严重违背了木材

本身的力学原则。

壁画中的实例有莫高窟中唐361、231窟、五代61、307窟、宋代454窟、五代榆林窟32窟等，其中莫高窟361、61、307、454窟及榆林窟32窟中都绘以佛塔形象，361、61窟是将经变画正中的佛殿绘成一座八柱两层重楼式的佛塔形式，两层屋檐下的柱子上部约四分之一部都向内弯曲，柱头上有斗，斗上是具装饰性卷草状的翼形栱承托上仰的弧形屋檐。莫高窟307、454、榆林窟32窟则绘单层木塔，在弯曲的柱头上承托斗栱与屋顶，其中尤以宋代454窟西坡上的一座木塔最大，因而也绘制得最清楚，硕大的屋顶与高耸的塔刹压在弯曲的柱头上，不知古人在木柱里加入了什么先进而神秘的材料，能使木材超越自身受力极限。

莫高窟361、61窟的两层佛塔是寺院建筑群中位于中间大殿位置的主要建筑。在寺院建筑群中心修建佛塔，是印度佛教盛行时代的一种普遍形式，这种布局称为支提式。我国以塔为中心的佛教寺院也很普遍，如北魏洛阳的永宁寺塔，现存山西应县的佛宫寺释迦塔都是寺院的中心建筑，所以壁画中以塔为寺院的中心建筑，是反映当时现实的，但为什么要将木结构塔的柱子画成上部弯曲的形状，目的是要追随印度覆钵塔的外观，使木塔也变成覆钵状的塔身？或是出于对传统建筑的酷爱，又为附会佛教的要求，把中

2-7-1　重楼式的塔形佛殿　　　**(见前页图)**
大殿为重楼式的塔形佛殿，三开间的佛殿立在方形的须弥座上，二层似改为圆形花瓣状的平面形式，攒尖屋顶上起塔刹，有四链系于檐口。两层殿屋的柱子上端均向内弯曲，栏杆、阑额、屋檐都呈弧形。迄今尚未发现有吐蕃时代可作参照的建筑。
中唐　莫高窟361窟　北壁

国传统建筑上的木柱刻意画作弯曲状，形成覆钵形塔身？

　　作为佛塔将柱子画成弯曲状，可以理解为附会佛教的覆钵塔形式，但231窟中弯曲呈S形的柱子用于佛殿两侧，实难解释。由于在壁画中多处出现这样违背自然规律的

2-7-2　塔形佛殿　　　　　▲

寺院中轴线上的大殿为重楼式的塔形佛殿，平面为圆形。上下层塔身有檐柱八根，屋檐按八角起脊，檐柱及阑额呈弧形弯曲，攒尖盝顶上又是一座小型窣堵坡，旁边有悬挂铎铃的链垂到二层檐口边，全塔以窣堵坡顶上的宝珠结束。画中的形向整体造型比例适当，不失为一座秀丽的重楼式塔。

五代　莫高窟61窟　北壁

2-7-3 寺院后部的塔 ◄
莫高窟晚期的净土变，主体部分仍然是一殿二楼的布局，寺院后部第二进为一所塔院，院中单层八边形木塔，柱子上部向内弯曲，攒尖盝顶，上有塔刹，造型玲珑秀丽。
宋　莫高窟307窟　前室西壁

2-7-4 塔院 ►
佛教东传故事中传说，于阗王城西南，山峰突起，形如牛角，山崖顶上建有伽蓝。图中画有阶梯穿过牛头山可达宝塔，宝塔后是伽蓝的廊院，实则是一处印度的支提式空间。五代、宋初敦煌与于阗国交往频繁，这种塔院即是明证。
宋　莫高窟454窟　甬道顶

画法，且时间延续了几百年的历史，不免使我们对历史上是否存在这样的木柱产生怀疑，因此也无法回答这个问题，但愿以后能有新的发现，证明这种弯曲的柱子来源于现实，而非画家的臆想。

8·盛唐壁画中为什么出现西域式建筑？

唐代是中国历史上最强盛的时代，特别是史称"贞观之治"时期，国力强盛，境内富庶的程度可从唐代大诗人杜甫诗中："忆昔开元全盛日，小邑犹存万家室。稻米流脂粟米白，公私仓廪俱丰实"窥见一斑。当时唐王朝的国力蒸蒸日上，国际威望也达到了顶峰，通过强大的军事征战，疆土极度扩张，朝鲜、漠北、西域的辽阔疆土相继并入中国的版图。当时的首都长安和东都洛阳是世界性的大都会，商贾云集，史称："海内富安，行者虽万里不持寸兵"，在这样富庶、开放、太平的国度里，丝绸之路空前繁荣，来往的各国商旅使节络绎不绝。敦煌地处河西走廊西端，是丝绸之路的咽喉要地，也是唐代的边塞重镇，唐代著名边塞诗中的"阳关"、"玉门关"都在敦煌境内。盛唐壁画中反映的很多有关西域的建筑形象，正是这段繁荣历史的写照。

盛唐壁画中特征明显的西域式建筑有：莫高窟103窟南壁的塔院；217窟南壁的西域城及西域民居。

塔院是以塔为中心的一个院落空间，在印度称之为支提，现印度、中亚、新疆的佛教遗址中，不乏这种例子。塔院是汉地对其形象的直接称呼，唐代长安寺院中有很多对塔院的称呼和记载，如"崇仁坊资圣寺团塔院北堂……"，"千福寺有东塔院"等等。日本奈良东大寺的考古发掘证明，寺前的东西二塔，都是塔院的形式，这种塔一般不是为埋藏舍利而建，是表示为佛所建的精舍★。壁画中的塔院形式从初唐开始，以后各时代都有少数的塔院延续下来。盛唐103窟法华经变中的塔院，绘出三面围墙，侧面有三座墩台，正面的台中有门供出入。院内中央有一座单层砖石塔，砖砌台基，从轴侧透视的画法中可以看到两面均有台阶与圆券门，塔身上部有覆钵及塔刹，塔前两面都有人似在作绕塔右旋或拜塔。从墩台形式和拜塔右旋的人物着装上看，此建筑应为一座西域式的塔院形象。

莫高窟217窟南壁法华经变中"化城喻品"的故事内容，讲述丝绸古道上的商旅，在行进路途中遇到重重困难，当天色已晚，需要休息时，眼前即刻幻化出一座城市，商旅们可以进城休息，为下一行程筹备粮草。其中最具典型是这里绘出了两

2-8-1　西域式塔院　　　　　　　▶

塔院形式来自西域。城墙中有平台式城门，转角亦有平台式墩台，城内有砖石造单层四门方塔一座，塔周有一人拜塔，两人正在右旋。叠涩出檐的边上有山花蕉叶，顶上有覆钵与很高的塔刹。塔座台基用砖包砌，四周有台阶。方形的塔身坐落其上，与山东历城神通寺隋代的四门塔颇为相似。

盛唐　莫高窟103窟　南壁

座城市，一座为汉地城市，一座为西域城。这里定名为"西域城"的由来见《梁思成全集》第一卷《敦煌壁画中所见的中国古代建筑》记："壁画中最奇特的一座城是第217窟所见。这座城显然是西域景色。城门和城内的房屋显然都是发券构成的，由各城门和城内房屋的半圆形顶以及房屋两面的券门可以看出。"城外一商队正急忙向城内奔去，商队前有一胡人引导。

同一幅经变画中最下面还有两院民居，一墙之隔表现了汉地、西域两种建筑形式。表现的内容是妙法莲花经中"如子得母，如病得医"的场景。由于位处下层，壁画已磨损的漫漶不清了，经过整理，其中的平台城门与半圆形顶的房屋和券门形式都与前面的西域城相似。院中的陈设——在室外放置床榻，是西北干旱少雨地区，夏天常见的纳凉习俗，现在新疆及敦煌农村中还可看到这种情景。

2-8-2 西域城 ◀
法华经变"化城喻品"中的一座小城堡，画出的三面墙垣各面开门，转角处有角台。城堡中有一座方形的二层建筑，所有建筑顶上均有拱券形结构，表示出与汉地完全不同的建筑风格，建筑学家梁思成先生称其为"西域城"。
盛唐 莫高窟217窟南壁

2—8—3 中西两式民居 ▲

法华经变中的两座民居，左院是汉式住宅，右院是
西域民居。汉式住宅前有小山掩映。院内厅堂三间，
下有砖砌台基、散水，室内方砖墁地，内部有床，床
后有屏风。厅内及院中有人物活动。右院民居有高
墙及墩台卫护，院中有拱券形的房屋，房前的庭院
中有床，上坐一妇女和一老人，床边有一斜披锦巾

的胡人，手捧婴儿侧身垂足而坐。现在新疆信奉伊
斯兰的少数民族房屋虽然不作拱券形了，但建筑中
依然还有发券的因素，在室外置床纳凉的生活习俗
依然保持图中的方式(附线图)。
盛唐　莫高窟217窟　南壁

2-8-4 西域式墓园 ▲

据佛经说，弥勒世界"人命将终，自然行诣冢间而死"。图中是家人将老人送入墓室居住的情景。坟墓下有两重台基，上建墓室，墓顶前后有"十"字形装饰。坟墓四周有矮墙围成墓园，墓室前的矮墙向前延伸出一段，形成墓道，矮墙尽头有墩台，表示墓阙的意思，整座墓园体现了中西两种建筑形式相融合的过程。

宋　莫高窟449窟　北壁

知识库

★精舍

即指佛教寺院，是僧侣所住的屋舍。最初，印度出家人的传统是四处游方，或居于林间、洞穴，或居于坟堆，不住屋舍。这样的苦行是赢得人们尊敬的地方。释迦牟尼成道后，带着一千二百五十比丘有了固定居住的场所。虽然平日里僧众仍是四处游方，托钵乞食，只有在"结夏安居"时才在寺院里说法共修，不过此举却已经打破了传统出家的行径，具有开创性意义。

面均作方形纹饰。

塔身正中有三叶形龛，龛侧有束莲龛柱，柱上有栌斗。塔身两侧竖矩形的壁面上绘一匹卧着的白象，身上是站立的大角山羊驮着一菩萨。所画的山羊及白象形象生动，但其宗教的含义至今还不明白。

9·晚期壁画中为什么再次出现印度式塔？

莫高窟76窟是开凿于唐代的一座大型中心佛坛窟，后历经宋、元、清等朝代重修，现在保存在主室的壁画大多为宋代所重绘。其中在东壁甬道两侧绘有八座塔，分别讲述的是佛陀释迦牟尼一生中发生重大事件的八处地方所建的宝塔，称为"八大宝塔"。壁画中的八塔称为"八塔变相"。现在八塔仅存半数，而保存的四座塔的形式完全相同：塔下有须弥座，座下有覆莲，束腰部分的壶门里绘火焰宝珠。上下枋的表

2-9-1 印度式砖石塔 ▶
"八塔变"中的第一塔，塔内绘摩耶夫人在菩提树下诞下释迦牟尼。塔下有须弥座，塔身正中有三叶拱龛，上部由砖石叠涩砌成的三角锥体塔刹，最下层相轮大于塔身，塔的造型比较特殊，似与印度教天的神殿有关。
宋 莫高窟76窟 东壁

塔身上有砖石叠砌成三角锥体的相轮塔刹，比例很大，下层相轮大于塔身，塔顶有宝盖及宝珠，宝盖两侧各悬一长幡。塔前的榜题上画一法轮，榜题两侧各画一鹿，表示释迦牟尼在鹿野苑说法、初转法轮的情形。

这一比较特殊的塔形，在敦煌石窟中再没有第二例，但不知敦煌以外有无相类似的实例，它的形式似受印度教★天祠建筑的影响。印度教的庙宇在我国古代被称为"天祠"。玄奘在《大唐西域记》里有多处关于天祠的记载，如印度教圣城瓦拉纳西有"天祠百余所，外道万余人"等。印度教的庙宇用石材建造，方形的建筑下有台基，上由方锥形的密檐式屋顶演化成塔形。根据印度教的这些特点，因此我们把这座塔称作印度式塔。

这里的印度式塔被用在佛教寓意中，其中最明显的佛教标志在塔刹顶上，密檐式的塔顶上出一大露盘，边沿有火焰宝珠，正中的三角锥体上以宝珠作结。在露盘边沿的火焰宝珠下飘舞着两条长幡。从北周经隋唐、五代到宋代四百多年的壁画中，塔上普遍不悬幡而只悬铎。

莫高窟76窟特殊的塔形和又重新出现悬幡的形式，可能由于自中唐吐蕃统治敦煌以后，受吐蕃信仰密教的影响，敦煌壁画中密教内容增多。密教是印度佛教和婆罗门教以及印度教（婆罗门教的变种）相结合的产物，中唐所处的8世纪正是印度佛教密宗兴起之时，因而到宋代重绘时，壁画中有很多密教内容，这座塔正是受密教影响，出现了印度式的塔。而塔上悬幡的形式如今在青海塔尔寺大金瓦殿供奉的喇嘛塔上仍然披挂了无数的幡。可见同是佛教信仰，但某些习俗也反映了一定时代、地域和民族的特征。

2-9-2　印度式砖石塔　　　　　　▶
"八塔变"中的第三塔，塔券绘有法轮、鹿，表示释迦牟尼在鹿野苑初转法轮的场景。塔的结构与前图相似。
宋　　莫高窟76窟　　东壁

知识库

★印度教

印度传统宗教。又称婆罗门教。源于古印度吠陀教及婆罗门教。一般认为，约在8世纪，印度历史上著名的改革家商羯罗吸收了佛教和耆那教的某些教义，对婆罗门教进行改革而形成了印度教。印度教中有诸多崇拜的神，大神主要有三个：创造之神梵天、破坏之神湿婆和保护之神毗湿奴，围绕这三大神又衍生出很多其他的神。将信徒分为婆罗门、刹帝利、吠舍、首陀罗四个种姓。强调因果报应及生死轮回，祭祀万能与崇尚苦行，并承认吠陀经典的权威。

文殊菩萨韦陀菩萨等来此法会

普贤菩萨韦陀菩萨等此法会

菩薩聲聞從佛會時

獼猴命終得生天上散花供養

七塔也
丰天因起興塔
主無失足隨井命終
之身心歡喜而作
些密持世尊佛而納
两密抟世尊佛而納
舍城內獼猴奉

獼猴截蜜歡喜作樂踊舞

10·为什么榆林窟3窟的建筑画风格迥异？

敦煌石窟的开凿延续到五代、宋时期，属曹氏归义军管辖。他们模仿中原的统治者，设立画院，罗致了一批能工巧匠，大量绘制壁画。由于集中领导、集体创作，五代、宋初壁画风格过于统一，使绘画风格进一步程式化。到曹氏晚期政权衰落，只保有瓜、沙二州，财力拮据，与中原道路不畅。在石窟中满壁画单一的千佛或菩萨，形相板滞，色调清冷，是敦煌石窟艺术的衰颓时期。公元1036年西夏党项族攻占敦煌后，继续在敦煌开凿石窟，并带来了中原的新画风。

西夏对莫高窟的营建，绝大多数是涂抹隋唐洞窟之后重绘壁画，少有精彩之作，更少有建筑画。而在榆林窟新建的7个规模较大的石窟中，唯有榆林窟3窟表现了多种形象的建筑画，有组合的佛寺院落、佛塔以及群山之间隐出的楼台亭阁、神仙洞府、田家农舍，用笔极为工整细致，再配以浓墨淡采，形成鲜明的建筑形象。

榆林窟3窟建筑画的绘画特点：是将建筑物整体和结构如斗栱、栏杆、须弥座及构件细部上的彩画装饰等，都用浓墨勾画得极

其细致，远看似很逼真，近看十分繁琐。这种绘制手法与山西繁峙县岩山寺金代的壁画非常相似，其中经变画中一座十字平面佛殿，和建于宋皇祐四年（公元1052年）的河北正定隆兴寺摩尼殿建筑实物十分相似，而另一座十字平面的二层楼阁则是对十字平面佛殿的发展。这是西夏与中原加强文化交流与联系，在寺院建筑和绘画技法上受中原影响的反映。人们甚至怀疑这几座石窟内的壁画当出自中原画师之手，也并不无道理，因为它的形式的确很新颖独特。

隋唐时期从事绘画职业的画家，有些擅长画"台阁"即专门画建筑。五代及宋代统治者都在朝廷里设置画院，画院中有的画家专工"木屋"。宋代郭若虚的《图画见闻志》记载："画木屋者，折算无亏，笔画匀壮，深远透空，一去百斜。如隋唐五代以前，泊国初郭忠恕、王世元之流，画楼阁多见四角，其斗栱逐铺作为之，向背分明，不失绳墨"。这样细致的建筑画，木工甚至可以比照着进行制作了。如果真是这样，建筑画已经成了建筑设计图。

绘制建筑画的线条大都要横平竖直，在作画时需要借助一些工具，因而这种绘画方法称为"界画"，与当时流行的文人画★相比，木屋界画比较工整细致。把建筑的画法高度程式化后，又失之呆板繁琐，后来把这种绘画形式称为匠画，即工

2-9-1　印度式砖石塔　　　◀
"八塔变"中的第七塔，塔内绘释迦牟尼倚坐莲花座上，接受猕猴献蜜。塔的结构与前二图相似。
宋　莫高窟76窟　　东壁

2-10-2 前殿与回廊

净土寺院中，前殿两侧有回廊相连，殿堂内有舞伎在乐伎的伴奏下跳舞。殿堂的两翼角下各有一根擎檐柱。是防止翼角下垂的技术措施。现存河北蓟县辽代所建的独乐寺观音阁，在上下檐的翼角处都有擎檐柱。

西夏　榆林窟3窟　南壁

匠之画，有相贬的意思。但在敦煌石窟中出现这样的画风，与以前唐宋风格相迥异，为敦煌石窟晚期建筑画的落幕，又涂上了浓重的一笔，成为辉煌的一个亮点。

2-10-3 寺院建筑群

整座寺院布局前后均为并列的三殿，用回廊相连。庭院两侧各有高耸的楼阁建于曲岸的水池中，以附会佛经中"七宝池、八功德水"的意境。此时的经变画里，建筑物成了描绘的主题，人物活动在建筑间。图中屋顶的处理无论是歇山顶还是攒尖顶的屋面曲线，都用两段直线相交成为一条折线，可能是使界画方便的一种处理手法。

西夏　榆林窟3窟　南壁

2-9-4 仙山琼阁 ▲
宫殿建于山环水绕之中，建筑格局摒弃了城市宫廷寺观的中轴线对称式，而是依山势而建。楼阁之间有三四处乡间农家的茅舍，屋顶用茅草盖作穹窿顶与盝顶。此图体现了宋代山水画及界画"屋木"在瓜沙二州的影响。
西夏　榆林窟3窟　西壁

知识库

★文人画

也称"士夫画"、"士大夫甲意画"。系中国绘画史上的一个专称。画作注重笔墨韵味，追求文人个性与情趣，用书卷气作为评画的标准。其作品大都取材于山水、古木、竹石、花鸟等。画作不拘绳墨，不求形似，以水墨或淡设色的写意为多。魏晋南北朝时期，姚最"不学为人，自娱而已"，成为文人画的中心论调。宗炳以山水明志"澄怀观道，卧以游之"，充分体现了文人自娱的心态。唐代诗人王维以诗入画，后世有人奉他为文人画的鼻祖。北宋苏轼、南宋扬无咎画风野逸，反叛院体，经元明清三代士大夫及市井文人画家的推动，形成风气。

2-10-5 重檐楼阁 ▶
净土寺院中的楼阁建于宝池中的平坐上，通体不设墙壁门窗，重檐腰檐之上起平坐，建二层楼。楼内有梯上下。重檐歇山顶，所有的屋脊都画作黑色，强调了屋顶的轮廓。
西夏　榆林窟3窟　北壁

第三章 佛国世界辉煌的寺院建筑

1·寺院建筑画是源自现实的寺院吗？

用艺术反映现实，总是现实在前，艺术要滞后一段时间。敦煌石窟中的寺院建筑画当然也不能例外。据《魏书·释老志》记载："凉州自张轨后，世信佛教。敦煌地接西域，道俗交得，其旧式村坞相属，多有塔寺"。当敦煌石窟在开凿时，人们早已熟悉佛寺形象，才能将其反映在壁画中。

由于敦煌地接西域，在石窟开凿之初，无论从石窟形制和壁画绘制上，都保留了许多西域影响，人们甚至猜测当时有西域画师在敦煌作画。壁画中最早出现的寺院建筑画当是北魏257窟南壁殿阙式的窣堵坡塔院，建筑前是一佛二菩萨的说法图形式。

3-1-1　殿阙式塔 ▲

这是北朝仅有的一幅用建筑作为背景的佛说法图。双阙之间有殿屋，是汉画像中常见的传统建筑形象，而殿顶之上所置窣堵坡又源于印度，成为塔和庙的结合体。这种中外合璧的建筑形象，反映佛教传入中国后，中外建筑形式相互融合的过程。

北魏　莫高窟257窟　南壁

这幅图原先都认为是一幅殿阙式的窣堵坡塔。将它的建筑形式与新疆交河古城★由生土建造的佛寺遗址相互参照，可见在许多小佛寺遗址中，有一种形式是用一周围墙围成方形空间，前面有门洞，中间一个方形土堆，土堆高出围墙，在土堆的上部有很多排例均匀的圆孔，圆孔位置稍稍高出围墙。这应该是当初搭建了屋顶的木构件孔洞，升出屋顶部分残存的土堆就应是原来的塔刹。壁画中殿阙的殿屋顶上，从建筑结构上看是不能够承载实心的窣堵坡塔的，但如果从地面上起塔，在塔身四周盖屋顶，塔刹高出殿屋，就组成一座中心塔柱式的塔庙佛寺了。

尽管在敦煌壁画中有许多西域影响，但在这座塔庙佛寺的建筑上，依然融入了敦煌本土的建筑特色，那就是殿阙形的屋顶。《魏书·释老志》记载："自洛中构白马寺，盛饰佛图，画迹甚妙，为四方式。凡宫塔制度，犹依天竺旧状而重构

同一窟中用绘画和塑绘结合的方式表现了殿阙式塔和阙形龛的形象，它们的区别就在于双阙中间的殿屋顶上有无窣堵坡形的塔，双阙殿屋形式是中国古老的一种传统形式，加上塔就成为一种中外合璧的新形式，是外来的塔与中国传统建筑相结合中的一个过渡时期的产物。

北魏 莫高窟257窟 中心塔柱南向面

"四方式"形式，而在殿阙形的屋顶上有"犹依天竺旧状"的窣堵坡塔。

用实物遗址与壁画形象及史书记载相互参照映证，说明壁画中描绘的这座佛寺当来源于现实，它可能不是当时佛寺的真实描画，但却记录了当时敦煌寺院建筑的特点。

之。"壁画中的这座塔庙佛寺，与交河古城的方形佛寺相互参照时，它应该是一座

知识库

★交河古城

高昌国时期高昌郡治所遗址。位于新疆维吾尔自治区吐鲁番市西10千米的雅尔乃孜沟村。20世纪初开始曾作过多次调查。城址在高出水面约30米的土崖上，南北长约1000余米，东西最宽约300米。城内建筑遗迹及街巷遗迹犹存。建筑物多以生土墙支撑屋顶，多层建筑物则借助木椽承接屋顶重量。屋顶多用泥土覆盖，极少用瓦。出土遗物有古回鹘文的写本、汉五铢钱、唐代古钱、星云纹铜镜、金器、陶器和文书等。城西及城南隔河有交河世族墓地。古城对研究新疆古代的城市建设和布局具有重要价值。

2·壁画中的寺院建筑群有哪些单体建筑？

大型的寺院建筑群从初唐才开始出现，盛唐时达到极盛，主要表现在观无量寿经变、阿弥陀经变、药师经变中以大型寺院建筑群为主的大场面。此外在弥勒经变表现的天宫建筑群落中有多重的院落组合，在这些寺院建筑群和院落组合中，都是由各种高低错落、大小不一的单体建筑互相搭配，组成主次分明、起伏有致的建筑群落，而构成寺院建筑群的单体建筑类型繁多，常见的有殿、配殿、堂、楼、阁、钟台、藏经台、碑阁、角楼、门、廊、塔、露台等。

初唐形成的寺院群中，建筑形象还略显单调，如莫高窟329窟南北两壁各有一幅寺院组合图，图中间有三座二层楼（北壁）、阁（南壁）呈品字型组合，周围环绕露台、小桥、流水，两边再各有两座二层楼（北壁）、阁（南壁）。不同的是南壁建筑全部为阁，北壁建筑全部为楼。由此看出，初唐时期，楼、阁形式还有一定界定，以后的发展使楼阁混称，形式也相近。

盛唐的寺院建筑群中，多种类型的单体

3-2-1 寺院中的殿宇 ▼
寺院正中的大殿及其后面的两重殿宇，屋面均为庑殿顶，顶上的斜脊弧线舒展，正脊两端有鸱尾。前面的大殿面阔五开间，副阶（殿周围的廊子）一周。中间殿屋三间，次间开直棱窗，窗框内满涂绿色，似表示窗内的绿窗纱。柱上有阑额两重，斗栱画得规范工整，是盛唐斗栱技术成熟的标志。
盛唐 莫高窟172窟 北壁

建筑协调统一，组成的建筑群落井然有序，具有壮阔而深远的空间感觉。如莫高窟172窟的南北壁，各绘一幅观无量寿经变图，其中北壁寺院的中轴线上有三重大殿，殿前两侧是一殿二楼的组合配殿，两侧有围廊前后延伸，后面的围廊角上有角楼。南壁寺院中轴线前一座大殿，殿后有一座二层楼两侧出抱厦。配殿是二层楼形式，有围廊从楼两侧前后延伸，后围廊上有角楼，角楼后面又有圆亭，用飞虹相连，似有多重院落。莫高窟148窟东壁门两侧各一幅大型经变画，为不使雷同，也采用变换组合的方式，形成不同的建筑空间。同样在148窟南北壁上部各有一

3-2-2　寺院中的配殿 ◀
大殿两侧的三开间配殿，下有须弥坐台基，殿身不设墙壁门窗。正面阑额下悬挂帘幕。屋面歇山顶，在屋顶两坡中间下垂悬鱼，两侧面上贴博风板。山面下部有曲脊，透过山面开口可以看见两坡内的椽条。配殿前与寺院中间的大露台相连，后面与重廊复道相通，交通路线非常方便。
盛唐　莫高窟148窟东壁北

幅天宫寺院图，是天宫建筑的精品之作。两座寺院布局呈凸字形平面。由大小五院组成中部一大院，左右各用两横廊和楼、堂将小院再分作两进，院落中的单体建筑基本相同，但南壁前正中是三间单檐庑殿顶的门屋，而北壁前正中的门屋变为门楼。

中晚唐以后，寺院中的单体建筑形象又增加了三门（俗称山门），与围廊围合成一座完整的院落。至五代、宋时期，寺院内三门、殿堂、配殿、回廊、角楼等种类繁多的单体建筑罗列，如五代61窟药师经变前

3-2-3 角楼与飞虹　▲

大型寺院后部回廊转角处的屋顶上出平坐，平坐上建三开间角楼，一周全部悬挂帘幕。角楼正面有拱形小桥——飞虹，通向前面的重楼，飞虹上有菩萨行走。建于辽代的山西大同下华严寺中的天宫楼阁模型，有凌空飞跨的虹桥，是一精制的实例。

盛唐　莫高窟148窟　东壁

的三门正面廊上一列七座形式不同的楼阁，中间是一座二层佛塔，围绕佛塔两旁及后面有用围廊飞虹相连的十三座楼塔等，使画面失之于庞杂壅塞。西夏时的寺院单体建筑又出现十字脊的重檐殿堂，这与现存不多的宋代建筑相互印证。

　　通过晚期壁画中的建筑形象与留存的实物可以印证的事实，那么早期壁画中保存诸多的单体建筑形象，其中有很多都没有实物留存了，似乎也可以认为它们都曾经出现在当时的现实中，是中国古代建筑史上不可抹去的形象。

3-2-4　十字平面佛殿 ▲

净土寺院中的五开间前殿，重檐歇山顶，四面出三开间的龟头屋抱厦，抱厦的歇山顶下是出入口。因佛殿平面呈"十"字形，故称"十字殿"。这种建筑类型出现于宋、辽、金时代，现河北正定的隆兴寺摩尼殿建于宋皇祐四年（1052年），与此殿形式非常相似。

西夏　　榆林窟3窟　　北壁

3-3-1　大殿与四层双楼 ▶

大殿明间特别大，因此明间额枋上有五组一斗三升斗栱和人字拱相间排列的补间铺作，较为特殊。佛殿两侧各起四层楼，而与大殿同高。大殿与楼的屋顶都是直坡，屋檐的翼角不起翘。

隋　　莫高窟419窟　　西顶

3·壁画中如何表现隋代前后的寺院建筑？

隋代以前绘画的主题是根据当时所宣扬的小乘佛教★的内容为依据，多是佛传、本生及因缘故事等，建筑形象就穿插在故事中，所以建筑画数量不多，但种类不少，有殿堂、城垣、城门、阙、坞堡、望楼、门楼、佛塔、舍利塔等。可以算是寺院建筑形象的，就只能是北魏257窟的殿阙式塔了，因为这座建筑里有阙形的殿堂和殿堂中间的塔柱，组成一组塔庙形式的寺院，现在新疆交河故城中有很多这类佛寺遗址。

隋代虽然立国时间不长，但隋文帝的崇佛佞佛使当时的"佛殿制度，一如太庙，为京城之最"。佛教寺院建筑活动的蓬勃发展，使寺院成为文化活动的载体，促使美术上人才辈出，隋代知名的画家中如展子虔、郑法士、董伯仁等都各有专长，尤善画"台阁"等建筑形象。画台阁、车马等形成绘画中的门类和专长。

这时的佛寺布局主要有两种类型：一是一殿两楼的组合；二是品字形的殿堂组合。一殿两楼的组合是这时的主流形式，有莫高窟419、417、423窟等，表现弥勒

3-3-2　大殿与二层双楼　　　　　▲

大殿为五开间，两旁有双楼夹峙，一殿双楼的格局来源于汉魏画像石中的殿、阙组合，使大殿的立面形象更加富于变化。建筑下部的砖砌台基分设左右二阶。殿身明间已显著加宽，额枋置于栌斗下，与柱子相接。殿堂屋面呈直坡，屋檐转角没有起翘，隋及隋以前壁画中的建筑大都如此。

隋　莫高窟423窟　西顶

3—3—3　一殿两堂佛寺
一殿两堂组合的佛寺在平面上呈"品"字形布局。中间的殿前有二阶，两旁的堂前只一阶。这种布局形式影响了初唐的寺院建筑画。
隋　莫高窟433窟　西顶

上生经中弥勒菩萨居住的天宫佛寺。

　　弥勒上生经中表现的天宫佛寺形象由一殿两楼组合而成，象征弥勒菩萨未降生成佛之前居住的兜率天宫。天宫两侧用三至四重的层楼夹峙中间的殿堂，弥勒菩萨端坐于大殿中，两侧高楼内有很多天宫伎乐为弥勒奏乐供养。常说宗教的根源不在天上，是在人间，所谓兜率天宫，不过是人间宫殿或寺院建筑形象的折射。据《弥勒上生经》说，弥勒菩萨居住的兜率天宫"四角有四宝柱，一一宝柱有千百楼阁，诸楼阁有千百天女色妙无比，手持乐器"，壁画上的描写与佛经基本相符。

　　一殿两楼的建筑形式大致相同。一般都有砖砌台基，台基中部有东西二阶，殿身五开间，中间即当心间特别宽，次间及稍间都画得狭窄高耸，柱子细长，各柱之间不设墙休门窗，尽可能多地表现了殿内的菩萨。另一种一殿两楼的组合，不是木结构建筑，而用砖石筑成。中间的殿堂由于壁画已很模糊，看不清楚殿堂由几间组成，但两侧可以看到有厚重的山墙，墙的中部有壁带，与北朝时期殿堂的结构相似。

　　品字形的殿堂组合是出现的一种新形式，这种形式影响了唐代的寺院建筑画。433

窟是一小型洞窟，人字坡上画一殿二堂建筑群，从内容上说，中间的殿表示弥勒菩萨的兜率天宫，两侧的堂，左侧堂内坐维摩诘居士，右侧内坐文殊菩萨。用同一画幅表示两种不同的经变内容，在莫高窟众多的经变中是唯一如此处理的。就建筑来说，它是座统一完整的建筑群体，正中是三间的殿，两侧的堂相对夹持，形成品字形的殿堂布局，殿和堂都是三开间，下有台基，殿有东西二阶，堂仅中部一阶。

此外，隋代建筑中有大量的各式组合的民居建筑，在南北朝时就兴起的"舍宅为寺"的风尚下，有许多民宅转变了使用功能，成为"佛寺"，这时壁画中的佛寺建筑是源于生活而滞后于时代的反映。

知识库

★ 小乘佛教

佛教创始人释迦牟尼逝世后，佛教内部由于对释迦牟尼所说的教义有不同的理解和阐发，先后形成了许多不同的派别。按照其教理等方面的不同，以及形成时期的先后，可归纳为大乘和小乘两大基本派别。小乘佛教（Hinayana），为大乘佛教（Mahayana）于公元1世纪左右出现后，对原始佛教和部派佛教的贬称，但现代学者使用大小乘概念时，已无褒贬抑扬之义。二者的主要区别是：小乘佛教奉释迦牟尼为教主，追求个人的自我解脱；大乘佛教则认为三世十方有无数佛同时存在，追求大慈大悲，普渡众生，把成佛救世，建立佛国净土为目标。在义学上，小乘佛教总的倾向是"法有我无"，即只否定人我的实在性，而不否定法我的实在性，而大乘佛教则不仅主张人无我，而且认为法无我，即同时否定法我的实在性。

4·壁画中如何表现初唐的寺院建筑？

自初唐始，出现用整个山墙面表现一幅大型经变的画面，画幅增大，为更好的表现建筑画提供了先决条件。佛经讲述的阿弥陀佛净土世界"讲堂精舍，宫殿楼观，皆七宝庄严，自然化成，内外左右有诸浴池……，八功德水湛然盈满……"，弥勒佛的未来世界里"其城七宝，上有楼阁，户牖轩窗，皆是众宝，真珠罗网，弥覆其上……"。囿于佛经的描述，大幅经变画着重表现了池水和露台，并将露台栏杆细部和地面铺装描画的很细致，而对于建筑组群的描绘还处于探索和发展中。楼阁、殿堂等单体建筑或松散分布，或三个一组组成简单的"品"形平面或"山"形平面，继承了隋代寺院布局的基本形式。

为表现"八功德水湛然盈满"，露台和水面成为经变画中的主体。楼阁在画面的上部中间和下部两旁，成为画面的背景，烘托中间露台之上的佛和菩萨、天人说法听法的场面。弥勒经变中表现的兜率天宫，也有建筑组群。是当时寺院主体建筑布局多样性的反映。

3-4-1　殿堂与双阁　▼
弥勒菩萨居住的兜率天宫，中间是三开间殿堂，两侧各立一座二层阁，上层有伎乐演奏。这种组合直接继承隋代一殿二楼的天宫形式，殿堂与高阁相组合，形成有变化的建筑组群，可能是当时官庭、寺观中建筑的基本组合形式。
初唐　莫高窟215窟　南壁

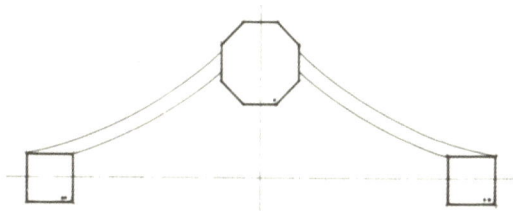

3-4-2 初唐莫高窟341窟兜率天宫平面推想 ▲

3-4-3 天官寺院 ▲
早期的弥勒经变。轴线正中没有主体建筑，仅有几座大露台，上部表示天空的地方，有一组建筑群，是弥勒居住的兜率天宫，由一殿二楼组成，殿楼之间有廊相连。下部两侧有二层楼与平阁，整个建筑群比隋代建筑群增加了新的建筑内容与形式。
初唐 莫高窟341窟 北壁

初唐经变中的佛寺布局，是在隋代一殿二楼的基础上，逐步向大空间的寺院布局发展，其主体建筑群的组合方式有：

（1）直接继承隋代一殿二楼的组合形式，由一殿双阁并列组成，各建筑间没有联系。如莫高窟215窟南壁的天宫建筑。

（2）由并列的一殿两堂或一大两小的三阁，用廊道或飞虹相连，变化成"山"字形的组合平面。中间殿或阁体量较大，位置向前突出，两侧的堂或阁分列两边，如莫高窟205、321、341等窟。

（3）由各自独立的三阁组成品字型布局。形成一堂两厢之势。三阁之间，成为

3-4-4　阿弥陀经变中的净土　　▲

轴线对称一堂两厢的布局，是一种普通运用的建筑
模式。

初唐　莫高窟329窟

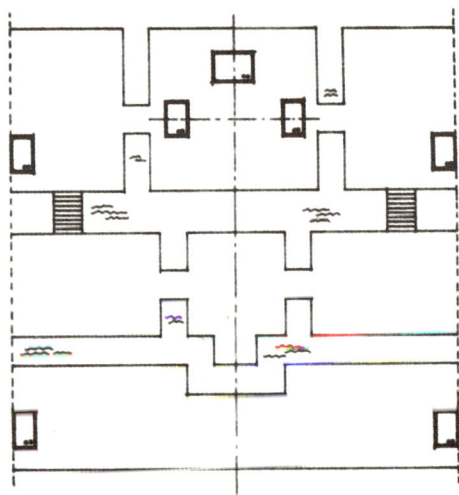

3-4-5　莫高窟320窟阿弥陀净土的平面推想　▲

一处三合的庭院空间。如莫高窟71、329、331等窟。这种轴线对称一堂两厢的布局，广泛运用在宫廷、寺观和民居建筑的平面布局中，是一种普遍运用的模式。

（4）由一殿双阁组成"凹"字形的平面布局。它是在品字型的基础上，使各自独立的单体建筑 —— 一殿二楼或一殿双阁用廊道相连，形成三面围合的庭院空间。如莫高窟338窟龛顶画弥勒上生经中的兜率天宫，就是一殿二堂的组合，殿和堂之间用廊道相连，组成"凹"形平面。殿堂之前形成一片院落空间。

除以上几种位于轴线上方的主体建筑

外，在大幅经变的下方两侧，还有独立的楼或阁。

　　大画幅的初唐经变中，建筑还没有连接成整体，主要以露台为主，意在表现佛、菩萨、天人活动的场面，建筑只作为背景。由于画幅大，经隋代"善画台阁"画家们的发展，到这时对于建筑与露台之间纵深感的处理已达到"若可嗦蹑足"的境界，不失成为初唐优秀的建筑画典范。

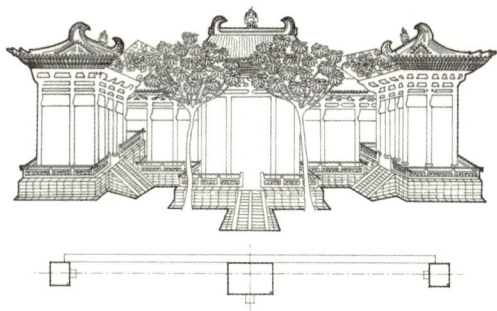

3-4-6　莫高窟 338 窟兜率天宫白描图及平面推想

3-4-7　三阁组合寺院　　　　　　　　　　▼

三阁呈一殿两厢的"品"字形布局，阁下有砖砌素平台基，四周有散水。台基与平坐均有栏杆，门上有五行门钉。檐柱上挂帘箔，柱上的斗栱为一斗三升及人字拱结构，以后人字拱逐渐演化成驼峰形式。初唐　莫高窟 331 窟　　南壁

5·初唐建筑画中寺院的露台怎样布置？

初唐寺院建筑前以表现大面积的水池、露台、栏杆为主，而且这时的露台台基和栏杆及露台的地面铺装形式华丽。由于表现的面积大，绘制的也就精美细致，从中可以详尽了解初唐露台各部分的装饰和布置。

露台的台基和栏杆及花砖铺地，是一个有机的整体。在初唐的净土变中，"七宝池"、"八功德水"是经变的主要场景，宝池的台基出于"八功德水"之中，台基表面和侧面都用砖包砌或镶砌，有的很华丽，如莫高窟220、329、341窟宝池中的台基边沿分作整齐的方格，方格中画团花或宝相花★图案作装饰；而莫高窟71窟建于地面上的台基只用素方砖包砌。不同做法正是当时多样化的建筑技法在壁画中的反映。

3-5-1　台基与栏杆　▼
台座建在水池边，台座表面与侧面的方形分格中画四瓣莲花作装饰，台座上装华板栏杆。板上彩画花纹，在每个横竖相交的节点处，画出一矩形，可能是用金属包镶以加强节点。台基和栏杆相结合，产生的虚实对比，丰富了建筑的外观和立面造型。
初唐　莫高窟220窟　南壁

露台台基中间，在菩萨、天人的空隙处，满画方砖墁地。方砖上或有花纹或只有素色色块。考古发掘证明唐代宫殿多铺设方砖地面，长安名寺青龙寺的考古发掘中亦有方形花砖出土。莫高窟从隋代开始在石窟地面铺设墁地花砖，花纹多为宝相花、莲花等浮雕花纹，花砖或方砖的地面处理，一直延续到近代。

露台台基的边沿普遍安装木栏杆。栏杆的各构件名称为：贴地的一根横木称"地栿"，中间的横向方木叫"盆唇"，盆唇与地栿之间可以安装直棂、卧棂或勾片，初唐多画装板，板上彩画花纹，称"华板"。上部一根横木是扶手，古代称"寻杖"。栏杆内每隔一段有一立柱至寻杖下，称为斗子蜀柱，有的蜀柱在寻杖上再作一朵小莲蕾，在每一转角处有高出寻杖的立柱叫"望柱"，望柱柱头通常雕作宝珠或莲花形。栏杆中所有的横木通称为"栏"，竖立的构件通称为"杆"。有的还在每个横竖相交的节点处，用另一色彩围绕节点画出一矩形，矩形边沿有排列密集整齐的黑色圆点，可能是用金属包镶以加强节点。如莫高窟220窟的栏杆上即有金属包镶的节点。莫高窟321窟龛顶南侧，画一列天宫栏杆，装饰华丽，蜀柱间有白鸽嘴含缨络，上层栏板的褐色底层上画白色龙凤纹，画家信手画来，如行云流水般的

3-5-2 栏杆与花砖地面 ▲
华板栏杆围绕的露台上用带花纹的方砖铺装，方砖的四角上有简单的花瓣，在拼合之后，四个砖的角花，形成一个完整的花朵，莫高窟保存有这种唐代花砖。
初唐 莫高窟321窟 北壁

自然流畅。

台基是传统建筑的基础部分。壁画中的露台台基都以实砌体表现，上面用不同色彩的方块或在方块中绘以团花图案作装饰。它和栏杆相结合，产生的虚实对比，丰富了露台的外观和立面造型，是露台建筑的重要组成部分。

露台台基、栏杆和铺地花砖在画面上大量的运用，将画面分成若干部分，形成分界，各部分之间用小桥相连，桥栏杆亦用相同的形式，成为格调一致、华丽和谐的装饰风格。日本高僧圆仁在唐开成至会昌年间巡礼五台山过醴泉寺时记"户柱阶砌，皆用碧石构作"。圆仁经五台又到长安，对当时佛教院宇中的装修陈设多加赞誉，说

3-5-3 菩萨凭栏 ▲

云层上的天宫平台，装有重层华板栏杆，在两层华
板的下层栏杆蜀柱与盆唇节点处，有展翅欲飞的小
白鸽，白鸽口含缨络，连接成圆弧线。栏杆上方的
六身凭栏菩萨，姿态各异，背景是湛蓝的天空。营
造出一派祥和的气氛。将宗教艺术付与人情味，正
是宗教艺术的成就。

初唐　莫高窟321窟　北壁

明当时寺院建筑、装修及陈设是相当考究
豪华的。通过圆仁的记述说明壁画中的各
种装饰与图案均来自于现实生活。壁画里
只是将人间一切美好的事物都融汇进去，
以附会佛经的内容。

知识库

★宝相花

宝相花，又称"宝仙花"、"宝花花"，系
传统装饰纹样。相传它是一种寓有"宝"、
"仙"之意的装饰图案。一般以某种花卉（如
牡丹、莲花）为主体，中间镶嵌着形状不同、
大小粗细有别的其它花叶。尤其在花芯和花
瓣基部，用作规则排列，像闪闪发光的宝
珠，加以多层退晕色，显得富丽珍贵，故名
"宝相花"。源于印度，盛行于隋唐时期。常
用于金银器、石刻、织物、刺绣等。

6·壁画中如何表现盛唐的寺院建筑？

盛唐文化的成就，使敦煌石窟达到艺术的巅峰，成为光照千秋的文化瑰宝。

经变画的绘制方式仍继承初唐形式，用整个山墙壁面画一铺经变。其中在观无量寿经变、阿弥陀经变、药师经变中，以表现大型寺院建筑群为主。在弥勒经变中以表现天宫建筑的院落为主。因为画幅较大，又呈横向矩形，使画面上的净土世界，场面疏朗，视野开阔。在建筑画方面，更加强了对寺院建筑群的描写，布局的恢宏和建筑物的壮丽，都达到空前的水平。

由初唐向盛唐过渡时的寺院布局是用楼、阁、回廊组成凹形布局。盛唐初期的佛寺还没有完全摆脱初唐的形式，楼与阁仍分别运用，凹形布局成为寺院的主流模式。在总体布局中的单体建筑用回廊串联，如莫高窟66、103窟的寺院由五座阁与回廊串联而成。莫高窟208窟南壁观无量寿经变中用七座二层阁围以曲廊组合而成，北壁弥勒经变中由三座二层楼、两座堂屋用廊围合成凹形院落。莫高窟225窟南龛顶上的阿弥陀经变由一殿二楼加回廊组成。

随着时代的发展，建筑形式与组合方式都开始变化。盛唐时用楼、阁、台混合组成的凹形布局，最典型的是莫高窟217窟北壁的观无量寿经变，上部正中一座二层阁，阁后有回廊向前转折，形成凹形后院，再向两侧转折包揽前院。前院正中一佛殿，两旁参差不齐的安排着楼、阁、台，共八座单体建筑，展示了各类单体建筑的美丽形象。

初唐曾经出现的山字形布局，在盛唐仅见于莫高窟446窟南壁的观无量寿经变，经变仅残存西半部，画面已完全不同于初唐的简单形式。可惜这幅壁画漫漶过半，经变中的寺院布局已不甚清晰，但单体建筑的独特造型使寺院的布局形式发生了新的变化，成为盛唐壁画中的又一种寺院组合。

发展到盛唐中后期时，净土变中的建筑画，表现了当时寺院建筑辉煌壮丽的形象。它向人们展示出的是寺院中最为宏丽的院内景象。莫高窟320、172、148窟的大型经变是这时期的精品。172窟南北壁都

3-6-1 盛唐 莫高窟208窟寺院平面推想图 ▼

是观无量寿经变，表现了严格对称的大寺院内部景象，以较高的视线，俯视寺内景象，更显院落内外空间的变化，院内的建筑群天际轮廓呈现出秀丽的曲线。院外视线所及，但见原野茫茫，烟波浩淼，把寺院的环境描写得开阔而深远。

盛唐壁画弥勒经变中的天宫寺院有多种表现形式，发展过程由简到繁。莫高窟148窟在南北两壁上部都绘有大型而完整的天宫寺院，是天宫建筑的精品之作。这两座天宫寺院图，平面布局合理，院落大小兼有，院中有院，可以把日常礼佛的繁杂活动与少受干扰的念诵禅修区别开来，是一个合理的寺院规划图，大院的空间各立面

3-6-2 一殿双楼式寺院 ▲

在阿弥陀经中变，佛及菩萨之后的背景是一殿双楼，殿与楼之间有S形的曲廊相联，构成了"凹"字形寺院的主体建筑群，这是壁画中寺院的基本格局。殿楼之前有矩形的莲池，象征西方净土的"七宝池"、"八功德水"。

盛唐 莫高窟225窟 南壁

都有不同的造型处理，楼阁耸峙，回廊曲折，楼阁与回廊的柱间各处都悬挂着帘幕，表现寺院中的生活情趣与宁静的佛寺气氛，寺院内外，绿树成荫，道树成行。《洛阳伽蓝记》永宁寺的"四门外，树以青槐，亘以绿水，京邑行人，多庇其下，路断飞尘，……清风送凉"，可见古时的佛寺是很注重环境绿化的。壁画中所画，也是现实中寺院的写照。

3-6-3　净土寺院建筑群　　　▲
是莫高窟最具代表性的观无量寿经变，表现阿
弥陀净土。正中是佛及菩萨、天人所在的莲池
与露台，中轴线上有前后佛殿，前殿两侧有楼、
阁、台、碑阁各一座。后佛殿下有平坐，佛殿
两侧有回廊周绕，呈环抱之势，使寺院后部突
出，成为"凸"字形布局，壁画中所见较多。日
本奈良法隆寺曾把回廊改为"凸"字形平面，使
回廊产生曲折变化，增加寺院平面的深度。
盛唐　莫高窟217窟　北壁

3-6-4　天宫寺院　　　▼
天请问经变中的天宫，平面凸形，中部一大院，
两侧各一小院，小院内又用回廊分隔为前后两
进院落，每个院落都有向外开的门。正面大殿
为五开间。中门为二层门楼，古代寺院中多以
楼作门，故亦称楼门。日本现存寺院用楼门例
子颇多。
盛唐　莫高窟148窟　北壁

7·盛唐壁画中的单体建筑有什么新特征？

盛唐寺院建筑画中构成建筑群的单体建筑类型繁多，常见的有殿、堂、楼、阁、钟台、经藏、碑阁、角楼、门、廊、塔、露台等。它们就如棋盘中的各个棋子一样，有着各自固定的功能和形体，在不同的时代和不同的院落布局中，棋子的变化由松散向着严密紧凑过渡，盛唐壁画中的寺院建筑就处于一个渐变并达到高峰的时期。

3—7—1　大型寺院里的前后佛殿　▼

大型寺院中的主体建筑，五开间大佛殿位于正中，叠涩须弥坐台基。大殿两尽间露出直棂窗的一角，两侧有斜廊一段，称作"抄手斜廊"，这种做法一直沿用到明代。后院的主体建筑高于大殿，用飞虹连接两边配楼，又组成一组建筑群。根据考古发掘资料复原的长安大明宫麟德殿，即是前低后高的殿、阁、楼、台组合的大型建筑群。

盛唐　莫高窟148窟　东壁

在种类繁多的单体建筑中，各类型的使用频率也不尽相同，有的在盛唐晚期以后就消失了，有的又得到发展，如对"廊"的使用，它将各个单体在不同位置上串联组合，形成了主、从、虚、实千变万化的院落建筑群。

殿、堂：一般来说，殿比堂要高大显赫，殿总是处在主要位置，如寺院中的大雄宝殿；堂则处于殿的前、后、左、右，如观音堂、罗汉堂等。隋代已有七开间大殿，初唐只见三开间殿，而盛唐最人的佛殿为五开间，如莫高窟172、148窟的人幅经变画里。据考古资料显示，唐初（公元634年）开始建造的大明宫正殿含元殿，面阔11间。唐大中十一年（公元857年）建的佛光寺大殿为七开间，佛光寺不是唐代的大寺，大殿已用到七开间，壁画上佛殿的规模一般都偏小，可能是为了节省笔墨的原故。莫高窟445窟北壁有座三开间小殿，宽大深远的出檐与现存五台山南禅寺大殿极为相似，但壁画早于南禅寺大殿。《历代名画记》★中记载当时画家注重写实性，在这里得到充分体现。

配殿：以莫高窟172、148窟为例，于一窟内安排两铺净土经变，布局基本相似，利用不同的单体建筑作区别。172窟北壁用一组一殿二楼的形式作配殿，继承了自隋代形成的一殿二楼形式。南壁用五开间的二层楼作配殿，与中间大佛殿组合，仍然是一殿二楼的组合形式。148窟东壁北侧用三开间歇山顶的堂作配殿，南侧用三开间的二层楼作配殿，在相同的平面布局处理中求得建筑空间的变化。

楼、阁：楼、阁的区别在盛唐初期仍很明确。如莫高窟66、103、123、208等窟。而在217窟净土变中，有八座二层建筑，其中四座阁，两座台，两座楼。集楼、阁、台于一幅画面中，很容易分辨出它们的特征。莫高窟171、445窟仍有平阁，与初唐壁画中的平阁形式正好衔接。莫高窟71、217窟中又出现碑阁的身影，是现存碑亭建筑的早期形式。

阁的形象到盛唐以后就基本消失了。宋、辽、金以后留下的古建筑实物中，凡以"阁"命名的高层建筑，虽然还保存着阁的构造特点，但一、二层之间的平坐下增加了屋檐，与楼的形式更为相近，如河北正定隆兴寺佛香阁、蓟县独乐寺观音阁等。

台：初唐还没有纳入寺院建筑群中。

3-7-2 二层楼配殿 （图见123页）
大型寺院一侧，可看到五开间的二层楼配殿与回廊、角楼。配殿楼前的回廊向前延伸出画外，后面在层楼之后还有一座圆形木塔掩隐在树丛中，造成前后侧面还有许多建筑与院落的联想，使有限的画面容下了无限的空间。整幅绘画，透视基本合理，展示了盛唐建筑的富丽恢宏。
盛唐 莫高窟172窟 南壁

盛唐的台主要是钟台与经台，莫高窟217窟净土变中的钟台最为典型，钟台分上下层，下层为台，四方形的四壁用四色方块饰面，下大上小。上层在台上建平坐栏杆，上置钟楼。《广弘明集》描写隋炀帝观灯的场面有"钟发琉璃台"的诗句，这座钟台建筑的台壁用不同色彩的方块表现，正是琉璃砖贴面的反映，并说明华丽装饰的应用已经非常广泛。

角楼：莫高窟172、148窟中的大型寺院里，在回廊的转角顶上，出平坐再建面向中间的歇山式小殿，即为角楼。148窟的角楼前，还用飞虹跨跃作为交通，飞虹上菩萨穿梭，充满了人间情趣。《邺中记》中早有"殿东西各有长廊，廊上置楼"的记载，壁画中的角楼形象从盛唐晚期才出现。

回廊：盛唐晚期用回廊组合多种单体建筑，形成了规模壮阔的大型佛寺。回廊的应用使寺院的布局更加灵活。莫高窟148窟共有四座大型寺院，对于回廊的应用也各不相同，有的长廊舒展，有的廊上建角楼飞虹，形成美丽的天际线，有的用长长的回廊围合出寺院的范围，再用回廊分隔内院。回廊成为组织院落，变换布局不可缺少的调节，一直为以后的寺院而大加运用。

3-7-3 钟台与碑阁　　　　　　　**（见下页图）**

净土寺院中的钟台与经台相对设置，钟台也称钟楼，楼内悬挂一口洪钟，旁有撞钟的比丘。钟楼檐下画作绿色网状，遮挡了檐下的斗栱及椽子，仅露出角梁。这是为防止雀鸟在斗栱间栖息，安装的"护檐檐雀眼网"由竹篾编制而成，又称 "罘罳"，壁画中仅此处。钟楼四角攒尖的屋顶上，安置塔刹相轮，有链系于屋顶四角，链上垂金铃。塔刹本来是缩小了的塔，是佛教的标志，放在钟楼上，使建筑造型更加美观。

盛唐　莫高窟217窟　北壁

知识库

★《历代名画记》

唐代画史著作，张彦远撰，成书于大中元年（公元847年）。共十卷，第一部分叙述绘画发展源流。第二部分叙述有关鉴识、收藏情况，以及押署、印记和当时装裱、市场的情况。第三部分记述长安、洛阳的寺观壁画及存世画目。第四部分记录了自上古传说时代至唐会昌元年（公元841年）期间诸画家的传记记述，并将其由高至低分为"自然"、"神"、"妙"、"精"、"谨细"五个等级，分别给予评价。书的内容丰富，有如绘画史著作中的百科全书，是中国艺术史上第一部完整的绘画通史专著，有许多现已失传的早期有关绘画理论著述，亦记载有一些早期的绘画活动史实。被誉为"画史之祖"、"画史中最良之书"。

壁画中的建筑画，经过初盛唐的发展，在建筑整体规模上达到了一个光辉的顶点。在佛寺的群体布局方面，始终保持严格的轴线对称均齐和封闭式廊院的平面形式。中晚唐时期的佛寺建筑群布局，在此基础上主要以三种形式表现：

（1）仍然沿用初盛唐以佛殿为中心的一进或两进院落。画幅有一壁一铺和一壁多铺两种形式，如榆林窟25窟在南北两壁仍保持盛唐一壁一铺的经变画形式，图中的两重寺院用回廊分隔前后院，回廊既是空间的转换，又是庭院内的交通要道。通过通透的空间感，仿佛可以深入其境，使人产生一种"曲径通幽处，禅房花木深"的情趣。中唐159窟和晚唐85窟都是一壁多铺经变画形式，因此画幅改为竖向构图，使院落内部显得较为狭窄，有了纵深感。159窟狭长纵深的凹形院落空间中有前后两院，后院的回廊继续向两侧延伸，明确表示出中院之外的两侧还有院落，是一座规模很大的寺院。根据唐代史料记载，唐代长安慈恩寺（现西安大雁塔）中有十几院。壁画上表示的多重院落，是建筑画对现实的忠实反映，并把它高度概括，延伸出画面之外，任凭观览者的遐想。

（2）表现了完整的佛寺建筑群。初盛唐时期经变画中的寺院，由佛殿和配殿呈品字形布局，发展到凹形的平面构图。到中晚唐时，经变画中寺院平面突破了凹形的构图方式，开创了表现一座完整廊院的构图。如莫高窟361窟的药师经变，在狭窄的空间中，上部沿用凹形平面的三合院，下部布置一列横廊，组成封闭的四合廊院，横廊上建三间门楼为寺院中门，廊上左右再置钟楼、经藏及其他楼房等，好比用大广角镜头，将整座寺院摄入画面，表现了一座完整的寺院。以后各朝代一直沿用这一布局方式。

（3）横向的三院组合天宫寺院布局。自盛唐出现横向的三院组合天宫大型寺院后，到中晚唐的天宫建筑中很多都以横向构图的方式表现。中唐231、237窟南北两壁的三院组合天宫图，中间是核心部分，三面开门，院内有佛殿、廊院、角楼、虹桥等。中院两侧偏院除前面有门屋外，向着中院的一侧也有一门屋。方形的庭院中，设置不尽相同，但两边都是对称布置，在用栏杆围绕的庭院中建一座八边形小殿，或廊院之中建一座面向中院的二层楼。晚唐85窟南壁弥勒经变上部的翘头未城，是一座规模宏大的三院组合，中部有方形的城池，左右偏院均面向中央的城，并有通道往来相通，两偏院又分作前后两院，右侧的院中有一佛阁，左侧的院中有一单层四门塔，佛阁

3-8-1 净土寺院 ◀

竖向构图的净土经变画中，寺院的空间比较紧凑，寺院的前部是"凹"形的平面，一殿二阁及两座圆形角楼，后院回廊一周，中有佛阁，后廊向左右延伸出去，表明两侧还有院落，这是一座多进多院布局的寺院。正中佛阁阑额下悬挂帐帷，建筑界画工整细致，构图严谨，对人物的线描、设色尽皆淡雅精湛，是吐蕃时期的代表之作。

中唐　莫高窟159窟　南壁

3-8-2 寺院中的三门与钟楼 ▼

文献中多有寺院设三门的记录。三门，佛教又称为"三解脱之门"。唐代偶有称山门的，大概是受禅宗影响，希望寺院远离尘世，遁隐山林，后世通称寺院之门为山门。这里在三门左侧有八边形钟楼，符合钟楼在东的一种说法，但于同一窟南壁经变寺院里的钟楼就在西边。

中唐　莫高窟361窟　北壁

和塔都不在院子的轴线上，打破了严格的对称布局趋势。

横向的三院组合很适合壁画上部的构图方式，它既来源于现实社会中宫庭寺观空间构图的固有形式，也可能是弥勒经中对翅头末城的描述，即东西十二由旬★，南北七由旬构成，呈横向的矩形图，因此横向三院组合的寺院满足了经典的要求，是古代画师们艺术构思和宗教上理想空间模式巧妙结合的成果。

3-8-3　三院组合天宫　　　　　　　▲

弥勒上生经变中的兜率天宫，由三院组成，中院是
三院中的主体，方形的廊院，庭院后部有二层楼的
佛殿，后部回廊转角处有角楼，角楼与佛殿有虹桥
相通。左右两院平面方形而稍小，四周有栏杆环绕

中有八边形的小堂，庭内一周多种花木。三院之外
都有水渠围绕，水中生长莲荷，用以象征净土园林。
中唐　莫高窟231窟　　北壁

知识库

★由旬

由旬，梵文Yojana的音译，亦译"俞旬"、"揄旬"、"由延"、"逾阇"、"逾缮那"等。古印度计算距离的单位，以帝王一日行军的路程为一"由旬"。《大唐西域记》记载："逾缮那者，自古圣王一日运行也。旧传一逾缮那四十里矣，印度国俗乃三十里。"后被引入佛教，成为佛教社会的度量概念。

9·中晚唐壁画中的单体建筑有什么新特征？

中唐是吐蕃统治敦煌时期。吐蕃佛教由于所处地理位置的关系，在形成及发展中，同时受到中原、西域、克什米尔、尼泊尔及印度在内的诸国家地区佛教的巨大影响，吸取了四邻诸国家地区的佛教之精华。吐蕃式佛教也影响到敦煌壁画中。中、晚唐时期寺院建筑画中的单体建筑大多在保持盛唐形式时，也融入了一些吐蕃艺术风格，出现一些新变化。在寺院轴线正中的大佛殿，用二层楼作为寺院中心的主体建筑，楼顶作庑殿顶或攒尖顶，攒尖顶上有火焰宝珠，呈塔刹形式，如莫高窟

361窟北壁寺院中的塔式佛殿。这种形式一直影响到五代、宋时期。

中唐158、237窟佛殿的筒瓦用几种不同的颜色相间使用，明确表示屋面是满葺琉璃瓦，唐代用琉璃作屋饰已经出现，壁画中佛殿画作琉璃，大概是根据佛阿弥陀经中说"上有楼阁亦以金、银、玻璃……而严饰之"所作的处理。日本僧人在中唐开成年间经山东到山西五台山的途中到醴泉寺记"斋后巡礼寺院，礼拜誌公和尚影，在琉璃殿内安置"，琉璃在建筑上的应用，可能从屋顶开始。晚唐156窟壁画中也出现画作琉璃瓦顶的佛殿。

在寺院群中，钟楼和经藏是必不可少的建筑。它们的体量较小，盛唐时多放置

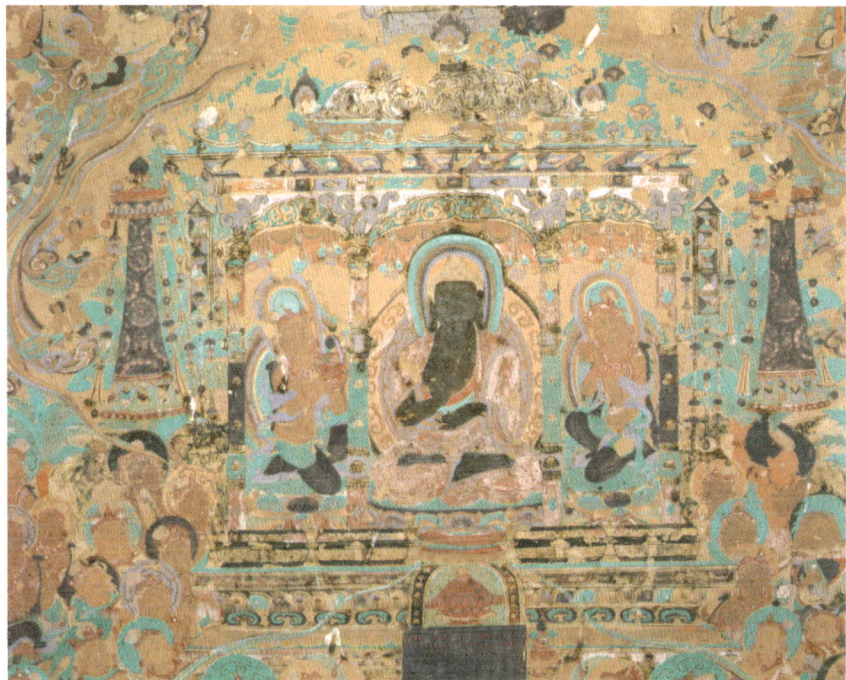

3-9-1 吐蕃式佛殿
三开间的佛殿具有鲜明的外域风格。台基束腰的装饰繁复，上有仰莲、上枋，栏杆望柱呈腰鼓形式。立柱柱箍上镶嵌珠宝，柱头上用兽头纹装饰。柱头之间作三叶拱券形拱楣，覆钵形屋顶用卷草云纹构成，檐边及覆钵顶装饰有火焰宝珠，整座建筑造型及装饰奇特繁杂。莫高窟仅此一处。
中唐 莫高窟231窟北壁

整座大殿屋面的瓦分别用白、土红、绿及由铅丹变色后形成的黑色四色相间排列。筒瓦和板瓦的用色相同，但排列相互错位，形成有规律的颜色变化，表示琉璃瓦屋面。正脊两端的鸱尾比例硕大，脊瓦有清楚的分段，应是预制的。斜脊端头有矩形的脊头瓦。

中唐 莫高窟158窟 东壁

在庭院中，而这一时期，它们的形象作为群体的一个调节剂，可以自由布置。如158窟壁画在寺院的后廊之外建钟台和经台；85窟药师变中的钟楼及经楼分别列置在后院的两侧；231窟壁画的钟楼与经楼又分置于前佛殿两侧，在配殿的位置上。这样的布置，为寺院建筑群的平面及空间形式赋予了较多的自由变化。钟楼和经藏的形状也呈现多种变化，有八边形、圆形或下层八边形而上层为圆形的二层小楼，楼顶为攒尖顶。位置并不固定，中唐段成式在《寺塔记》对

平康坊菩提寺条有"寺之制度在钟楼之东，唯此寺缘李右座林甫宅在东，故建钟楼于西"之说。壁画中据大概统计钟楼在左或右的各作半数。寺院里"鸣钟济苦，兼以集众"的钟声，有着深刻的宗教含义。因

3-9-3 八角钟楼 ◀
八角钟楼下有砖砌台基，台基四面有台阶。下层楼内有菩萨在莲座上作游戏坐。屋顶上起平坐，建八角钟楼，内悬洪钟。八角攒尖顶上冠以莲花、宝珠。
晚唐 莫高窟85窟 南壁

东西各有长廊，廊上置楼"，在回廊上造屋，可见盛唐壁画中回廊转角处的平坐钟楼与经

而产生出"洪钟震响觉群生，声徧十方无量土，含识群生普闻知，拔除众生长夜苦"的偈句。在古代社会生活中，佛寺的钟声，往往引发文人无限的遐想。夜泊枫桥闻钟，产生了咏钟的千古绝唱。

初盛唐中的平阁到这时已不见踪迹。平阁上的女鼓吹，移到回廊的转角平坐上，见于莫高窟231、361、85等窟。据明人顾炎武辑录的《历代宅京记》中有《邺中记》记载，十六国后赵的邺都昭阳殿"殿

藏，而中晚唐则只留平坐，不建屋，平坐上鼓乐齐鸣。平坐与中间的楼阁用弧形的虹桥相通，为整座寺院后部的天际轮廓线增添一道美丽的彩虹。

3-10-1 水中阁于斜廊 ▶
在水中立柱网平坐，平坐上建二层阁与斜廊。阁与廊所用的木构件通画作朱红色。石青色瓦顶，兰色与绿色的帘箔分别挂在一层、二层檐下，形成富丽的色彩对比。阁前廊下有菩萨手扶柱子探身向前，在招引水中莲花里的化生童子，画面将佛国西方极乐世界里充满世俗的生活情趣。
初唐 莫高窟321窟 北壁

10 · 净土寺院大殿前为什么绘有大水池？

唐代净土变中大面积的池水，源于佛经要求是无可置疑的。在现存的古寺观中，山西太原晋祠金代所建圣母殿前有"鱼沼飞梁"，池上有十字桥梁，但池的面积太小。云南昆明始建于南诏的圆通寺（现存建筑是元代以后的），回廊院内有大面积的水面，池中有石桥、大亭、甬道等建筑，与唐代壁画中的净土寺院景象相近。

经变画的寺院建筑前绘出大量水池，最初出现于隋代。经初唐的发展，到盛唐的大幅经变中，已呈巍巍壮观之势。大片的水面上出平坐建露台，更有甚者将寺院殿阁也建于水中平坐上，如莫高窟172窟北壁。据《洛阳伽蓝记》中所记"昭仪寺有池"，"景明寺……房檐之外皆是山池，……寺有三池，水物生焉"，"宝光寺，园中有一海，……菱荷覆水，青松翠竹，罗生其旁"，"大觉

3-10-2　平坐露台 ◀

平坐露台建于水中，中间平坐的柱网比较高，露台上有伎乐舞蹈。两侧较为低矮的露台上，有伎乐伴奏，颇有现代舞台与乐池的关系，表现了舞台的发展趋势。

盛唐　莫高窟120窟　南壁

3-10-3　多种形式的露台　　　　　▲

画面前面的三座露台出于水中，呈"品"字形安排。
小露台于柱网上建平坐，前有弧形梯道，显得小巧
轻盈。大露台为实心砌筑，正面用蜀柱分隔若干隔
身板，板上由团花图案装饰，工整富丽。露台中部
有宽大的弧形台阶，台阶两侧有踏踩，中间为斜坡
御路。后面实心砌筑的露台呈"凸"字形，两露台

中间用台阶相连，露台与台阶边沿设勾片栏杆。前
面的露台上有伎乐舞蹈和伴奏，形成热烈壮观的歌
舞场面。后面为佛、菩萨、天人讲经说法及观看表
演的露台。

盛唐　莫高窟148窟　　东壁北

寺……林池飞阁，比之景明"。文献传达了北魏洛阳佛寺中的园林美景，可能有意附会佛经里的水环境。唐人段成式在《寺塔记》中记"大兴善寺……寺后有池……白莲藻自生"，"招福寺内旧有池"，"楚国寺……有放生池"。从以上情况看来，唐代长安诸寺内有池水，但并不占有十分重要的地位。壁画中的净土世界，尽一寺之殿、阁、楼、台全建于宝池水中，只能理解为画家为了体现佛经"七宝池、八功德水"，而创作的西方极乐世界理想化的境界。

建筑前池水中的大量露台，其数量之多，可能出于佛经内容的需要，有夸张之作，但露台的存在并非纯属虚构。露台的名称早在汉代就出现，唐代时有很多名称，如"露台"、"舞台"、"砌台"等。壁画寺院里有很多天人、伎乐的歌舞场面，是源于现实的。《洛阳伽蓝记》记北魏洛阳城中的景乐寺"至于大斋，常设女乐，歌声绕梁，舞袖徐转，逞技寺内，奇禽怪兽，舞抃殿庭，飞空幻惑，世所未睹，……士女观者，目乱睛迷"，"崇圣寺……妙伎杂乐……城东士女多来此观看"。宋人钱易在《南部新书》中记唐代"长安戏场，多集于慈恩，小者在青龙，其次荐福、保寿、尼讲盛于保"。《唐纪》记录宣宗时，万寿公主曾在慈恩戏场观戏。可见古代寺院兼作文化活动场所，由来已久。

作为演出用的舞台不见有唐代遗物，仅在文献记载中可见唐代宫廷中有舞台设施。唐崔令钦《教坊记》记载："内伎与两院歌人，更上舞台唱歌。"杜牧诗曰："向无罗袖薄，谁念舞台风。"作为寺院里演出的舞台在山西、河南的一些宋代神庙图碑上可见露台形象，旁有榜题书"路台"。今嵩山中岳庙竣极殿前仍有露台遗迹，长宽各十一步，高1.15米，台面以青砖铺砌，周遭砌以条石，南北两侧有台阶可上下，与所存图碑里的露台相符。现日本大阪四天王寺中的庭院中间有一座石砌露台，台周围有栏杆，是寺院的重要文物。

壁画寺院中露台上的歌舞场面，只是被画家进一步的发展了，而且这时中心舞蹈者的露台已出现升高的趋势，两侧奏乐的露台降低，好似如今舞台与乐池的关系。寺院内的露台经过长期的演变，由低矮的露台逐渐升高为戏楼，并移向寺外发展。这是辽宋以后的情况了。

3-11-1　兜率天宫　▶

天宫佛寺仍保持初盛唐时期一殿两堂的格局，殿堂之间用廊道相连。寺院之外三面有规整的池水围绕，水池正面有五座小桥，侧面各有两座桥。北京明清故宫天安门及太和门之前的金水桥也是五桥形式。

五代　莫高窟72窟　北壁

11 · 壁画中如何表现唐代以后的寺院建筑？

唐代以后的五代、宋都属曹氏统治敦煌期间，凿造的莫高窟61、55、76、98、100、108、146、256窟，都是规模巨大的洞窟，还广建木构窟檐和栈道，在崖面普遍绘制露天壁画，重修北大像★窟檐，创造了莫高窟空前的繁荣。在兴建的大型石窟内，于南北两壁各画四至五铺大经变。这时所反映的大型寺院形象，仍然继承了唐代传统，在轴线对称的画面上，布置了三门、殿堂、配殿、回廊、角楼等种类繁多的单体建筑，形成气势恢宏、波澜壮阔的建筑群体，如莫高窟61窟北壁的药师经变中露台重楼林立，全部都于水中出平坐而建。在寺院前的下方有一列

回廊上共开五个门，正中是三座一大两小的二层重楼，组成佛寺的三门。门廊后的钟楼、经楼及院子中间高低错落的露台等全部用虹桥相连。画面后部的建筑群更是壅塞繁杂。南壁阿弥陀经变中也密集地布置着大量的群楼耸立的建筑，形成千门万户的场面。

壁画中出现的这种布局上的夸张，是画家在壁画上的踵事增华，还是在现实社会中确有类似的作法？据文献记载，后周显德年间，当朝允许"京城民居起楼阁，大将军周景威先于宋门内临汴水建楼十三间，又北宋时东京商业繁荣，酒楼林立，有白矾楼，后改为丰乐楼，宣和间更修三层相高，五楼相向，各用飞桥栏槛，明暗相通"。当时以建高楼竞相夸耀，而寺院内也不能超凡脱俗，与民间竞起高楼。建筑实物有：建于辽代的蓟

县独乐寺观音阁、河北正定隆兴寺的佛香阁、转轮藏殿及慈氏阁、山西应县的佛宫寺释迦大木塔等都是多层或高层建筑，壁画中楼阁林立的情况是现实社会的反映。

虽然壁画中的这些寺院建筑群庞杂壅塞，但它确实表现了中国传统的群体之美。日本建筑史学家伊东忠太认为："中国建筑规模之大者，即许多堂宇与廊互相联络而联成一群之谓也。就单独堂宇观之虽不巨大，不庄严，惟中国建筑之美，为群屋之联络美，非一屋之形状美也，主屋、从屋、门廊、亭榭等，大小高低各异，而形亦不同，但于变化之中，有脉之统一，构成浑然雄大之规模。"

西夏时期只有在安西榆林窟3窟有建筑画，寺院建筑画就表现在南北两壁，分别绘制了两座布局相似，单体建筑各不相同的寺院。经变画中，人物的尺度显著缩小，突出了建筑的形象，寺院建筑已不再仅作为佛与菩萨的背景。更值得注意的是在建筑画中出现的建筑有很多的重檐形式及一座十字平面的重檐佛殿和两座十字平面的重檐重楼，这是西夏之前的各代壁画中没有的建筑形象。十字平面的佛殿是方形的佛殿四面正中出抱厦，正面的抱厦上作歇山顶，山面向前，两侧的抱厦向左右伸出，使建筑立面更加富于变化。河北正定建于北宋皇祐四年（公元1052年）的隆兴

寺摩尼殿，即是此种造型。壁画中的佛殿可以说是摩尼殿的真实写照。十字平面的楼阁还没有发现实例，在宋代传世绘画中的楼阁有相似的例子。寺院中大面积的宝池水面已经消失，仅在两侧配殿位置建两座曲岸小水池，于水中出平坐，上建重楼作为独立的配殿。佛坐于大殿内，廊下与院中大面积的平地上或坐或立着众多的菩萨，显得雍容悠闲，佛与菩萨进入建筑内，融入了世俗社会里。寺院里的前后长廊，延伸出画面之外。

3-11-2　净土寺院　　　　　　　　▶
药师经变中的净土寺院，画幅巨大。寺院的前廊上有三门、钟楼、经藏等一列七座楼房，内院中轴线上有二层大佛殿，殿的造型是一座佛塔，殿前是宝池、露台等，殿两侧及后部是一片建筑群，有楼阁、回廊，重重叠叠高低错落，极其雄伟壮观。
五代　莫高窟61窟　北壁

知识库

★北大像

敦煌石窟第一大塑像——弥勒佛像之古称。塑于莫高窟90窟内。高35米，仅次于四川乐山石刻大佛（高71米）和四川荣县石刻大佛（高36米余）。在泥塑造像中，其高度为全国之冠。像名初见于晚唐乾符年间（公元874～879年）所写《张淮深勋德记》。

3-11-3　净土寺院　　　　　　　▲

净土寺院的后部有一排廊道延伸出画面之外，廊
道之中建重檐歇山顶佛殿，殿前左右有十字形的
水池，池中各建二层重檐重楼。前面由曲桥连接
着三座单体建筑，中间一座十字平面的重檐歇山
顶殿堂，两旁各有一座重檐攒尖顶的方亭。曲桥

的尽头在画面之外。此窟是西夏时期的代表性
石窟，画风与山西繁峙岩山寺的金代壁画相近
似，显然是中原画风的影响。

西夏　榆林窟3窟　　北壁

12·西夏壁画中为什么出现道教的神仙洞府?

西夏党项族能征善战,除以武力征服境内各民族外,同时又大力宏扬佛教,以达到长治久安的目的。西夏唯有榆林窟3窟表现有建筑画,而在其西壁的甬道两侧绘出大幅的两铺文殊、普贤变,画面上方的群山之间隐出楼台亭阁,神仙洞府,田家农舍,一副飘然世外的道家境界。

普贤变绘于甬道南侧,图上部山峰层峦叠嶂,山环水绕,在峰回路转之间,有层台楼阁掩映其间,楼上挑出飞檐走兽。楼台之间夹杂着简朴清净、雅趣宜人的竹

3-12-1 仙山琼阁

宫殿建于山环水绕之中,建筑格局摒弃了城市宫庭寺观的中轴线对称式,而是依山势自由组合。宫庭楼阁之间有几处乡间农舍,屋顶用茅草盖作穹窿顶与盝顶形式,此图体现了宋代山水画及界画在瓜沙二州的影响。

西夏 榆林窟3窟 西壁

3-13-2 神仙洞府 ◀

重檐歇山顶的高楼耸立在群山环抱之间，下层被云雾掩映。一道彩虹横空飞架在崇山峻岭间，菩萨仙人循着彩虹直上山巅。下方山洞有一山洞，洞门半开，一道光芒从中射出，于云雾中更加强了神秘幽深的气氛。壁画中表现的是《华严经》中所说文殊菩萨居住的清凉山，实际上透露出的则是道家理想中的神仙洞府的境界。

西夏　榆林窟3窟　西壁

篱茅舍，高低错落、层层叠叠，自由布置。图下部水榭平台雕栏曲折，岸边竹木点缀，岸下水流翻卷。图中部大片的祥云之上是画幅的主题——普贤菩萨与众天人、菩萨和仙人。

文殊变绘于甬道北侧，于群山耸峙之中，画出几组建筑群掩映在山间，有殿堂，有芦棚，还有用木栅栏围成的茅草屋院落，画家似乎要营造出一处五台圣境，却表现了一幅山间野趣的情怀。在一处群山环抱之间，有层楼廊榭隐没于飘渺的云雾之上，山涧之中一道彩虹飞跨高低两山，一群菩萨仙人自下而上飘然行走在虹桥上。群山之下的山腰间有一洞门，半开半掩，有光芒射出，神秘而幽深。

两幅图画上的这些建筑之间没有明显对称关系，说明中国传统建筑中的各个单体之间可以自由搭配组合，形成新的群落，使建筑和山水之间取得高度自由协调。图画中的高山云雾、瀑布飞泉及云雾之上的众神仙和山涧的神秘幽深的神仙洞府，可

能是佛教受道家思想影响的结果。

这组山水建筑画的风格显然受到中原画风的影响，如现存宋代佚名画家的作品《滕王阁》、《黄鹤楼》、《明皇避暑图》等，以宫庭、楼台为主题的工笔★界画的绘画，说明五代及宋代文人画兴起的同时，界画也得到很高的发展，并给予民间画工很深的影响。榆林窟3窟除南北两幅大型观无量寿经变及天请问经变中规整精细的建筑之外，在这两幅文殊、普贤变中，除了对菩萨圣众的描写之外，山水楼台的配置也为经变画增色不少。

知识库

★工笔

工笔，亦称"细笔"，绘画技法。用笔工整、细致、缜密。又分为工笔白描和工笔重彩两类。工笔白描就是完全用墨的线条来描绘对象，不涂颜色。工笔重彩，就是指工整细密和敷设重色的中国画。在中国绘画的早期，工笔重彩占有主要的地位。中国工笔画历史悠久。从战国到隋唐、五代再至两宋，工笔画从初始走向成熟。元代以后，随着文人画的兴起，作画多不求形似，工笔画渐显衰微。

第四章 多姿多彩的世俗建筑

1·敦煌壁画中最早的建筑什么样？

在现存的敦煌石窟壁画中，可以说自开凿石窟以后，就在壁画中表现有建筑的形象，至此后建筑画的绘制在敦煌石窟中贯穿始终。

最早开凿的石窟是十六国时期的，在其中莫高窟275窟壁画中出现了建筑画的形象。这是绘于南壁的一幅"出游四门"★的佛传故事画，画中绘出了两座阙形城门图，其形式是阙与城楼的组合，此外还有塑绘结合的阙形龛。

"阙"是春秋至秦汉时在城市、宫庭、祠墓等建筑群中广泛使用的一种礼制建筑，其特点是两阙独立的对峙在宫庭、城门、祠庙、陵墓之前，"中央阙然为道也"。现存阙的实物有四川雅安、绵阳、渠县等东汉的墓阙，河南有少室石阙和太室石阙、开母庙石阙，是东汉时的庙阙，以后在各地还陆续有汉阙被发现，这些阙大多是仿木构的石

阙。现在发现和保存的阙都是汉代遗物，因此一般将"阙"这种建筑形制称为"汉阙"。在敦煌石窟中的十六国和北魏时期，有大量的阙形建筑，它们自汉代后又延续了一二百年，充分说明当汉代开发经营敦煌后，由于地理偏远，使这里保存了古制。阙的形式在敦煌石窟开凿前，还见于敦煌地区的魏晋墓中，所以说汉代以后，阙的形制一直还被敦煌地区沿用。

壁画中的阙形城门图，绘出高耸的城墙正中有方首门洞，门洞上方有城楼，两旁各有一对高低错落的子母阙，在城楼与阙的屋

4-1-1 汉代画像砖上的阙，阙内侧有持戟侍卫。▼

顶上都有脊及两端的鸱尾，屋檐下有结构多样的斗栱，城墙墙面上有几层壁带。图画仅管绘制得比较稚拙粗糙，但建筑的基本特征都完整的表现出来了。另外在南北壁的佛传图的上部各有两座塑绘结合的殿阙形佛龛，突出的阙形龛采用浮塑形式塑出阙身、殿屋及屋顶上的瓦垅、鸱吻等。细部用绘画方式表现了檐下的椽子、斗栱、窗户，阙身上的彩画装饰等，值得注意的是在子阙上部各有一窗户，表明阙是中空的，通过窗户可以登临观望，因此阙的另外一个名称为"观"。这种殿、阙组合的建筑形式，在山东、河南等地的汉画像石中不乏其形象，但之后便少见踪影，在敦煌却使用到北魏时期。

4-1-2 汉代画像石上的宅阙，阙上有朱雀。 ▲

4-1-3 城阙 ◀
在佛传"出游四门"故事中，有两座城门，高耸的城门两侧双阙对峙，组合成高低错落的城阙。阙常见于中国古代标志性建筑群前两侧，所谓"阙者缺也，中间阙然为道"。壁画中的阙，都是夹峙在殿或城楼两侧。阙既可以高于主体建筑，也可以低于主体建筑。
北凉 莫高窟275窟 南壁

4-1-4 城阙上的斗栱 ▶
在城门两侧画有双阙，组合成高低错落的城阙。阙身有多层壁带，壁带上立斗栱，清晰地表现了它的结构方式。
北凉 莫高窟275窟 南壁

4—1—5 阙形龛　▲

早期建筑形式除壁画中画出的城阙外，还用塑绘结
合的形式作出殿阙形的佛龛，这是敦煌石窟中最有
特色的一种建筑形式，说明敦煌地区在魏晋时期还
较多的保持了汉代的风格。

北凉　莫高窟275窟　南壁

4-1-6 城阙 ▲

城阙的中部有城门，城门上高耸着歇山顶城楼，城门两侧各出一座单阙，阙身比城墙稍突出一些，其上亦有歇山屋顶。两阙均低于城楼，成为一组重点突出，富于变化的建筑群体。据《河南志》记载，隋东都洛阳的南正门称则天门，"门有两重观，观左右连阙高一百二十尺"。

隋 莫高窟397窟 西壁

知识库

★ 出游四门

据佛经记载，释迦牟尼在当太子时，尽管在迦毗罗卫国的深宫中过着嫔妃成群、弦歌声色的奢华生活，但他"夙夜专精志道，不思欲乐"，经常陷入冥思苦想之中。净饭王为了打消他出家的念头，让他出城游乐。太子驱车出游东西南北四门，分别遇到老人、病人、死人和僧人，感悟生命无常，更加坚定了出家的意志。

2·北凉至北周壁画中的住宅什么样？

　　住宅是各个时代建设最多的一种建筑类型。由于贫富的差别，住宅的规模和形式表现得千差万别，加以生产和生活方式的改变，住宅比较难于长期保存，早期壁画中提供的住宅形象更显其珍贵。从北凉到北周的一百多年里，敦煌历史上经历了北凉、北魏、西魏、北周四个时期，这几个时期的住宅，表现形式差异很大，不能一概而论。

　　北魏257窟的须摩提女缘品故事中，有一座坞堡宅院，宅院三面有城垣围绕，一侧有门楼，院内有堂，堂后有四层望楼，楼后有园，概括表示出宅院内的门、堂、寝、园的布局。宅第的墙垣上设雉堞，沿墙有突出并高于城垣的墩台即　"马面"，显示出城的防御功能。这个宅院正是魏晋南北朝时代的敦煌、嘉峪关一带的坞堡形象。

　　嘉峪关魏晋壁画墓★里，绘有很多城堡，堡内有望楼，并旁书一"坞"字，表明城堡是坞堡的形象，坞堡的高墙上有阶梯状的雉堞。魏晋时期，北方战乱频繁，地方豪强筑坞堡自卫。《魏书·释老志》记敦煌："村坞相属"。这处坞堡的城垣上画出清晰的雉

4-2-1　坞堡宅院　　▼

"须摩提女缘品"故事中一座富豪之家的宅院，宅院内概括表示出门、堂、寝、圆的布局。三面围绕的城垣一侧建二层门楼，院内的堂中正在接待宾客，堂侧有四层望楼，楼下挂幄帐，设屏风，一人睡卧于床榻上，楼上一人凭栏祷告，楼后宽敞的庭园里有花草，城垣上设雉堞，并有突出城垣的马面。这些高墙、雉堞，望楼形式，正是北魏时敦煌"村坞相属"坞壁的写照。

北魏　　莫高窟257窟　　西壁

4-2-2 宫廷
在"五百强盗成佛"故事画中，国王正坐于宫殿前审判被俘获的强盗。宫廷由殿堂、门楼及宫墙组成一组门堂建筑群。建筑的台基绘石绿或青灰色，墙身用白色，红色表现木构件，形成"白壁丹楹"。殿为歇山顶，门楼则用后世定为最高等级的四阿顶（又称庑殿顶），说明当时的礼制对屋顶的等级尚未有明确规定。
西魏 莫高窟285窟 南壁

堞，并有马面设施，较之魏晋墓中的形象有了很大的发展。

西魏285窟出现的宫廷建筑，有国王坐在大殿的情形，大殿旁有门楼和曲折的宫墙，组成一组门堂建筑。国王坐在歇山屋顶的大殿里，旁边有四阿屋顶的两层门楼。按照封建社会等级制度的规定，四阿屋顶是最高等级的屋顶形式，在唐代壁画中被用于寺院建筑群的大殿上，可见当时的礼制还没有对屋顶形式划分出相应的等级。

北周296窟在覆斗形窟顶的藻井周围，分两行绘出很多佛经故事。根据不同的故事内容，表现了几十处布局各不相同的宅第。这些宅第由门楼、厅堂、重楼、曲折的围墙等各类型的建筑单体组合而成。用这些建筑单体进行多变的重组，就形成不同的院落形式。院落中间的殿堂、重楼屋顶体现了这时期的

特点。以两种形式表现，一种为歇山式，一种为分段歇山式。宅院内有的殿堂前悬挂竹帘。《西京杂记》记汉诸陵寝，皆以竹为帘，帘皆为水纹及龙凤纹之像。在房屋的外面挂帘，是一种软隔断，起源很早，并一直延续

4-2-3 嘉峪关魏晋壁画墓里书有"坞"字的坞堡形象

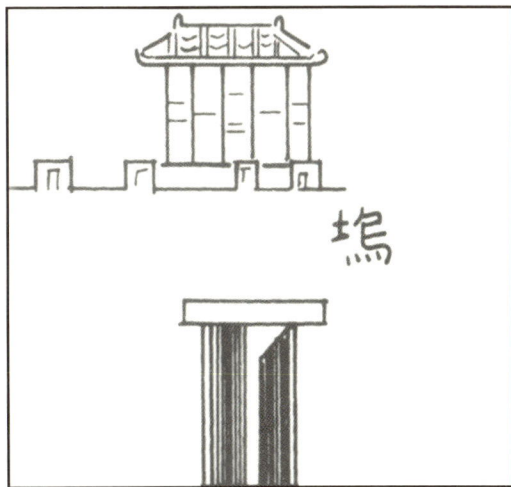

下来。

北周的宅第画略显简单，只是绘出房屋院落的大概形式，没有建筑的细部结构。但多种形式的院落组合，为以后建筑组群的发展开了先河。北周之后的隋代壁画中就可以看到逐渐发展的住宅建筑群。

4—2—4　宅院群落　▲

在"善事太子本生"故事中画有多处住宅，布局繁简不一，大多由门、堂、廊组合成院落。堂屋下有高台基，边沿有栏杆，两侧有厚墙，屋顶作单檐歇山顶或是带披檐式的四阿顶形式。这种单檐或带披檐式的重檐殿堂，始见于北魏壁画中，并延续到隋代。图中的两段式歇山顶在中国建筑历史发展中出现的时间很短，壁画中只见于此窟。

北周　莫高窟296窟　东坡

知识库

★嘉峪关魏晋壁画墓

1972年发现于甘肃嘉峪关。时代自曹魏至西晋，其中六座保留彩绘画像砖计六百余幅。内容有农桑、畜牧、井饮、狩猎、林园、屯垦、营垒、庖厨、宴饮、奏乐、博弈、牛马、出行、坞壁、穹庐、衣帛、器皿等，描绘豪门士族纵情享乐的情景以及河西各族劳动的场面，生活气息浓郁。用线奔放有力，朴质雄健，以赭石和红为主，色彩明快。

3·隋代壁画中的民居什么样?

随着新题材和新的绘画风格的影响,隋代在北周居住建筑的基础上,有了更大的发展,其中在莫高窟302、303、423、419、420等窟的本生故事、因缘故事及经变画中,画出不少民居建筑形象,特别是莫高窟423、419、420窟描绘的大片民居宅第,纷繁多变,反映出隋代居住建筑的丰富性。

莫高窟423窟人字坡窟顶东坡满绘须达拏太子本生故事画。画面随着须达拏太子的活动情节,画了八个宅第,布局繁简不一,但没有一座雷同。这些宅第楼堂高耸,廊庑曲折连绵,令人眼花缭乱,其目的大概是使人感觉画面的丰富,宅第的曲折幽深。与隋杜宝撰《大业杂记》中的"(大业)元年夏五月筑西苑,周二百里,其内造十六院,屈曲周绕龙鳞渠"有一定渊源。唐代诗人张藉(768—830)在《废宅行》诗中记"曲墙空屋多旋风"。把住宅的围墙修的曲曲折折,可能是因地制宜追求自然的做法,是造园审美观念的表现。

莫高窟419窟人字坡窟顶上的故事画中,根据故事人物的活动,画了许多民居、殿堂以及斗帐车马等。每一建筑物周围有起伏的山丘和茂密的林木环绕,构成故事情节的分隔,丰富了画面的艺术情趣。此窟在表现出很多建筑宅院的同时,还将建筑结构表现得很清楚,反映了隋代的建筑形式和结构都处于较大的变化过渡之中。

莫高窟420窟以法华经为题材,在窟顶覆斗形的四个梯形坡面上,分别画了法华经的几个重要的内容情节,总面积约三十多平方米,就其规模来说,真是空前绝后。建筑物作为故事人物活动的场景穿插其中。

西魏壁画中反映的居住建筑已有曲折的围墙,墙上覆瓦,隋代将其进一步发展得更加曲曲折折。宅院之间以树石山林、莲

4-3-1　隋 莫高窟423窟壁画中的院落布局　▶

4—3—2　隋　莫高窟420窟壁画中的院落布局　▲

池流泉等表现出生动细腻的空间环境，并用以分隔不同情节的画面。从曲折纷繁的画面中，经仔细分析，从中可以了解当时宅第的多种平面布局形式。

第一式，一门一堂一院。这是一座长方形院落，前有门楼，后有堂屋，屋中可以看

4—3—3　隋　莫高窟420窟壁画中的院落布局　▼

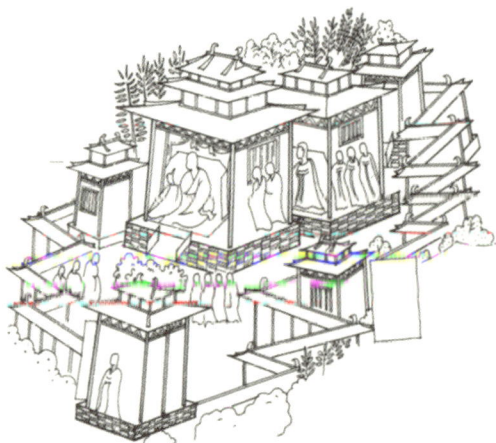

到有男女二人，外有廊庑或围墙一周，门与堂均在轴线上。这种规矩的院落在隋代壁画中表现不多（图见155页）。

第二式，一门一堂两院一室。与上式在同一故事画中，前有门楼，后有堂阁，一周是曲折的廊庑，形成主院，其右侧有室，曲折的廊庑绕在右边，形成偏院。

第三式，一门一堂一楼。法华经变中表现的宅院，廊庑曲折如锯齿，前有门楼，庭院中建堂，堂后有楼。

第四式，二门一堂一室二厢。在上图宅第布局的基础上，堂前两侧增加左右两厢，院的最后设后门。庭院中的前堂内坐男主人，旁边有家人或仆役多人，堂后的寝或室中有女主人端坐，旁边亦有女眷多人侍立。图中堂的规模更大，堂上有双重披檐，形成三重檐形式，庭院中树木茂盛，表现出宅第的非凡气派。

4—3—1　住宅群落　　　　（图见146页）

图中绘出与故事情节有关的八座住宅院落，周围有连绵起伏的山峦围绕。院落布局形式多样，简单的有一门一堂和廊庑组成的方形院落。繁复的院落内廊庑曲折婉转，主院右侧有偏院，内置一堂和廊庑，正面不设门，表示与主院的差别。图中的门和堂都起二至三层的重楼，颇似现在南方民居建筑中的披檐形式。

隋　莫高窟423窟　　东坡

4-3-5　大型住宅院落　▲

在"法华经·譬喻品"中画一座大型院落。院落前
左侧有披檐式的门楼，院内分为三进，前院有堂，中
院有寝，后院有室或门屋，均在中轴线上，堂的左
右是厢房。前堂后寝中分别坐男女主人及仆役多人，
概括地表示了封建宗法社会中住宅布局及使用情况。
隋　莫高窟420窟　南坡

4-3-6　住宅院落　▶

在曲折的廊庑中，绘有不规则的
大小厅堂数幢，中央一体形高大
的厅堂，披檐式的重檐歇山顶，
所有的房屋都是廊庑一周，房顶
上有狐、鼠、蛇、蝎等各种动物，
表示佛经中所说的房屋已经衰
朽。
隋　莫高窟419窟　东坡

4·宫廷建筑画出现在哪里?

宫廷建筑画是唐代观无量寿经变中未生怨故事里必须表现的重要的建筑形式。壁画中根据不同的时代和绘画方式及绘画位置的变化,表现出许多形式各异的宫廷建筑画,极大地丰富了建筑画的内容。

初唐431窟北壁下部是最早且唯一用横向构图的未生怨故事画。画面概括反映出宫廷中前朝后寝及御苑的三个组成部分。

从盛唐兴起的观无量寿经变的格式,中间是一大幅的西方净土画,两侧多以条幅的形式画"未生怨"及"十八观"★,作为经变的内容说明。盛唐320、172两窟的未生怨,条幅从下到上,依次表现宫城、宫门、殿、楼、阁、御苑等几个部分的内景。最下面是宫城的城门,门外列戟架,旁边有卫戍兵丁。皇城内又有宫门,院内有太子骑在马上,由士卒押着国王进入宫门。然后表现国王被囚禁在殿中,夫人探视并秘密为王进食。在内院中有廊庑一段,三间庑殿顶的殿堂一座,殿内有床,床后有屏风。太子在殿前追杀母亲,院中有大臣劝阻。最后夫人也被囚禁在阁内。这一层院子似为御苑,临水建筑为阁,下层柱网间全部开敞,透过柱网可看见苑中的池水。

4-4-1 盛唐 莫高窟172窟未生怨中的宫城条幅 ▶

4—4—2 条幅式宫廷院落 （见159页图）

"未生怨"故事中的宫庭，用竖长的条幅形式表现。画家在狭长的空间内，利用门、廊、墙分隔院落，再以殿、楼、阁、堂等配置画面平衡。这座宫廷由下而上构筑了七重宫院，表现了宫庭的深邃，以及众多人物活动的情景。

盛唐　莫高窟148窟　东壁

4—4—3 宫庭院落 ▲

佛传故事中说，悉达太子长大成人后，其父为使太子留恋尘世而不去出家，修建了冬、春、夏三宫以纳许多嫔妃采女，以声色娱悦太子。图中前面左右两院及后面一大院即冬、春、夏三宫，内中有伎乐演奏，采女侍奉。 院与院之间都有门屋相通，表现了不同的宫廷布局。

五代　莫高窟61窟　西壁

盛唐各窟绘制的未生怨，大同小异，按照故事发展情节，组织表现了"帝宫九重"的意境。在条幅形的画面里，院内的重重建筑按左右轻重搭配，绘出全部或一半或少半，这样的安排，使条幅的画面布局稳定，且显得生动活泼。庭院内再用树木修竹点缀其中，更显宫院内廊庑曲折，庭院幽深。

晚唐以后的观无量寿经变两侧条幅状的未生怨故事画，这时移在了经变画的下部，用一幅幅的屏风画表现故事内容。莫高窟12窟的屏风画用两重院落画出王城，宫庭政变就发生在宫城与宫门之间的空间。联想到唐初秦王李世民与太子李建成的弟兄

4-4-4　屏风式宫廷院落

"未生怨"故事中的宫庭，用正面俯视的角度表现前后两进院落。前院正中有宫城门楼，两侧为夯土城墙，城内左右有殿，与廊子相通，后院即为后宫，有廊庑一周，正面有三开间的堂建于台基上，院内太子持剑正在追杀其母。前后两院概括的表示出前朝后寝的布局。

晚唐　莫高窟12窟　南壁

残杀，正是发生在长安宫城的玄武门，史称玄武门之变。壁画的描写与历史何其相似。

五代61窟在释迦牟尼传记故事画中，有许多宫庭形象，每一座宫庭外都有城墙，城墙即是宫墙，环绕着宫庭。宫城外有骑兵奔跑巡逻，城墙上有士卒守卫。宫庭内在轴线前方有殿堂，两旁有厢房，庭中有伎乐正在歌舞演奏。另有一座宫廷，由四个廊院组合而成，平面布局将城中以横廊分成前后两院，在前院再用两道竖向的廊子分隔成三院，组成一人三小四院的格局。这座宫廷讲述的故事内容是为悉达多太子纳妃的场面：悉达多太子长大成人，其父净饭王为太子建冬、春、夏三宫，纳众嫔妃于内，以声色娱悦太子不要出家。

壁画中的宫庭图，沿用传统民居封闭的四合院形式，以院为布局单元，按中轴线从前向后布置轴线建筑及两侧对称的辅助用房等。但宫庭和民居在规模及建筑标准上是不可同日而语的。

4-5-1　第一进宫庭院落　　▶

莫高窟431窟北壁观无量寿经变"未生怨"故事中用横向长卷的形式画有佛经故事中的频婆罗王的宫庭。莫高窟宫庭从皇城的城门开始，第一进是宫中的前朝，正面有门，两旁有守卫，画频婆罗王被囚禁在殿堂中。

初唐　莫高窟431窟　北壁

知识库

★十六观

净土宗重要的修行方法。内容为：一、日想，名为初观；二、水想，冰想，琉璃想；三、地想；四、树想；五、八功德水想；六、总观想（即宝楼观）；七、华座想；八、像想；九、遍观一切色身相（观无量寿佛身相光明）；十、观观世音菩萨真实色身相；十一、观大势至菩萨色身相；十二、普观想（见无量寿佛极乐世界）；十三、杂想观（一丈六像在池水上）；十四、上辈观，又作上品生观、上辈生想；十五、中辈观，又作中品生观、中辈生想；十六、下辈观，又作下品生观，下辈生想。前十三观是按经文列出的名目。习惯上称之为"日想观"、"水想观"、"地想观"……后三观，为"三辈生观"。往生净土者依其因，而有上中下三辈，三辈复分上中下三品，总为九品。"三辈开而为九，九品合而为三"，故又称为九品往生。

5·最早、最大、最完整的宫廷建筑画是哪一幅？

最早、最大、最完整的宫廷建筑画，应当是莫高窟 431 窟北壁下部观无量寿经变中未生怨故事里的王宫建筑。宫城是观无量寿经变中未生怨故事里必须表现的建筑，这也是敦煌石窟中最早的观无量寿经变画，绘制于初唐时期，此窟原开凿于北魏时期，后将四壁中下部涂改重画。

这幅未生怨故事中的宫城，是最早且唯一用横向构图方式表现的未生怨故事画。壁画从右向左依次为城墙，城墙中有城门并出平坐上建城楼。在高大的宫城门内又用院墙围合出三个不同的院落。第一进是一周完全封闭的院落，院内后部有堂，堂内幽禁着阿阇世国王，院墙正面有门，并有守卫。

第二进为中院，院中间有三开间的殿堂，周围不设墙壁门窗，柱子之间完全开敞，殿内表现王子提剑欲杀其母的场面。中院的殿堂前是后院围墙，中间有门相通。此外中院还有一门通向宫城，这座门位于中院与后院之间的侧面，门的形式为一"乌头门"，门上的铺首等形状结构都画的很具体。

后院是一锯齿状的院落，院内种植花木，应是皇宫内的御园部分。院内有四阿顶的三间堂屋，全部用帘帷遮蔽，中间留一

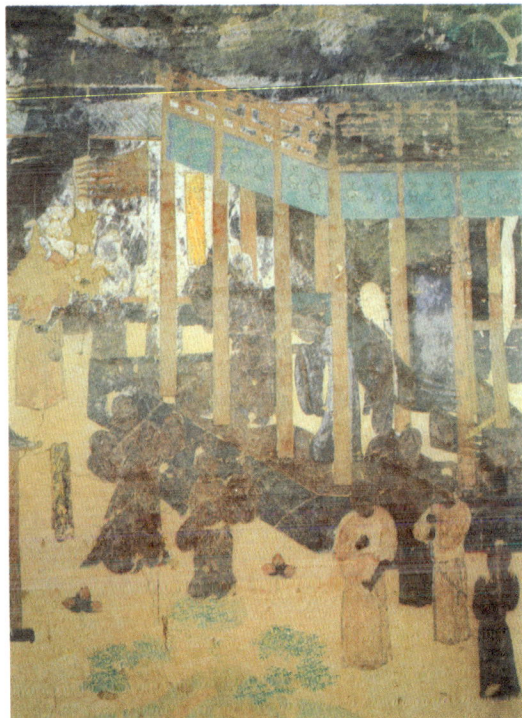

4-5-2　第二进宫庭院落　◀
莫高窟431窟北壁观无量寿经变"未生怨"故事中用横向长卷的形式画有佛经故事中的频婆罗王的宫庭。第二进是宫中的后寝，有一座歇山顶的殿，三开间的殿周围柱子间完全敞开，于阑额上挂帘帏，殿内表现的是太子欲杀其母韦提希夫人的场面。
初唐　莫高窟431窟　北壁

门，可看见堂屋内的床，这里是王子幽闭其母的后花园。

　　从中院出乌头门之后，外围就是环绕内宫的城墙。这一幅宫城图，形象的反映了帝王居住的宫城，必须有高大且具防御能力的城墙保护，而宫院院墙只是作为功能分区上的需要，因此墙上用覆瓦的形式表现。

4-5-3　宫廷院落　▶
此图是"未生怨"故事中宫廷院落的局部。宫廷的外朝四周建有回廊，廊上开门，院内建歇山顶殿堂。
盛唐　莫高窟148窟　东壁

4-5-4　第三进宫庭院落　◀
莫高窟431窟北壁观无量寿经变"未生怨"故事中用横向长卷的形式画有佛经故事中的频婆罗王的宫庭。第三进院落是宫庭中的御园，表现韦提希夫人被幽禁在花园之中。
初唐　莫高窟431窟　北壁

6·历代壁画中的城都表现了哪些内容？

城是壁画中出现较多的建筑类型，几乎各个时代都有绘制。最早的建筑画中就是城楼的形象，以后各时代都将带有时代印记的城绘制在壁画中。若将这些城的形象在一幅图中展现，那就是一幅一千年时间段里的城的发展史。

壁画中的城因时代不同，表现形式也不同。最早的城是十六国275窟的阙形城楼。北魏第257窟有坞壁式的城堡，是一座富豪宅院。院墙由城楼、高墙、马面（注）、雉堞组成，显示了城的防御功能。院中起高楼是为望楼，是当时敦煌"村坞相属"的写照。西魏249窟的天宫之城，是一座高大的有着四阿顶的门屋的城，方形的门洞有门框及双扇板门，门两侧是高起的城垣，尽端与中段有突出且高于墙面的马面，其上均设雉堞及堞眼。现存陕西横山县十六国大夏时赫连勃勃所建的统万城，是最早的马面实物。

唐代以后，表现出多种形式的城，有天宫城、王宫城，还有反映史实的长城和隋代的大兴城及西域城等。初唐323窟南壁绘隋文帝尊崇高僧昙延恺的故事，表现了一

4-6-1　城垣与马面　▼
画面中表现的是一座天宫之城，只画出城的正立面，城中间没有高起的城楼，只是一座四阿顶殿堂形式的门屋，方形门洞中的门框及双扇板门与敦煌魏晋墓中的建筑上的板门相似。门屋两侧是高起的城垣，尽端与中段有高出城墙的墩台，称为马面，是一种很好防的御措施。马面与城垣上均设雉堞。
西魏　莫高窟249窟　西坡

4-6-2 宫城 ▲

"须阇提本生"故事画一座小城，有前后两座城门，突出于城墙外，城门方首。城墙边沿建雉堞，四角有突出的墩台，城中的楼堂建筑，用围墙环绕，表现为宫城里的王宫。

北周 莫高窟296窟 北壁

座不规则的城垣，城垣作直角转折六处。据文献记载，汉代修筑的长安城，外郭城随地形而建，据说城的西北角和南面的曲折，象征北斗和南斗的星象。至隋代，汉长安已历时多年，宫殿朽坏，隋开皇二年（公元582年）兴建大兴城，开皇三年迁居入住大兴城。但长安的外郭城直到唐代才修建完成。壁画反映隋代故事，以汉代的长安城为隋的帝都，到唐代把长安城入画是可以做到的。

盛唐113窟的天宫城，是弥勒菩萨居住的兜率天宫，是一座"凸"字形平面的城垣，突出的正面有城楼与角楼，退后的城墙中部有敌楼，转角处有角楼，这里将北朝时期城墙中突出的马面演变成为敌楼。现在保存较好的平遥古城城墙马面上均修建有房屋，就是古代的敌楼形式。

王宫城是观无量寿经变中"未生怨"故事里必须表现的建筑，如172窟南北壁西侧的两幅宫城图，一幅宫城呈"凸"字形平面城垣，另一幅呈"凹"字形平面城垣，两座城垣中间城门墩台上建有城楼，两侧有夹屋一间，形成阙的形式。城下有守卫的兵丁、值班房及城门两侧摆放的戟架，戟架上的大旗和戟的数量，都是按照唐代典章制度中的封建礼制规定，以王城规格绘制的。

晚唐9窟有一座城防设施都较完整的城阙，画出了城门、城楼和以弧形城垣相联、左右突出的两座城阙，形成合抱的布局。中间有突出的城门及城楼，城阙前有城壕，其

4-6-3 城阙 ▲

未生怨故事中所绘频婆沙罗王的宫阙城楼，整体布局为"凹"字形平面，城门开三门道，属王城规格。城门墩台上的城楼为五开间，两侧有夹屋一间，城垣上有廊屋与城楼相连，形成一组庄严雄伟的宫阙建筑群。经考古发掘出隋唐东都洛阳的皇城应天门，总平面就呈凹形，明清故宫的午门也沿有了相似的布局形式。

盛唐 莫高窟172窟 南壁

上有桥，是古代城防的完整体系。城墙上有两侧的阙作拱卫，形成主从结合的格局，既是城防功能的需要，又使城阙庄严壮丽，组成一幅完美的建筑构图。这座城阙不是画师们的想象，而是隋唐时期的东都洛阳应天门的再现。据文献记载，东都洛阳应天门是宫城的正门，"门有二重……左右连阙"。经考古发掘证明洛阳城门的左右，巨大的双阙突出在城门前45米处，两阙相距83米，阙与城门之间有厚墙连接，构成"凹"形的平面，明清故宫午门的平面就是这种建筑形式的延续。

4—6—4　城楼慢道 ▼

城仅绘出一角，两面有城门，城垣转角有角楼，侧面的城楼旁有登城的慢道，慢道又称马道，坡度比较平缓，供将官骑马登城。图中的慢道呈阶梯状，边上有栏杆，坡度较陡，看来只能供人扶梯而上。

晚唐　莫高窟9窟　北壁

7．唐及唐以后壁画中的城楼与城门有多少种形式？

唐建中二年（公元７８１年），沙州（敦煌）被吐蕃围困十年后，终于箭尽粮绝，开城降蕃。城之所以能守，重要条件之一，就是有坚固的城防。因而在壁画上无处不反映城的重要，而城楼与城门是城的重要组成，亦是城的规模的体现。初唐壁画中的城门多是一座单门道的一层城门楼，从绘画形式可以看出城为夯土形式，城楼采用大型条砖的包砖形式。

盛唐壁画中的城增加了有关城防的不同设施，有的城内还有很多的房舍。这些城的形象，有的简洁明了，有的巍峨壮丽，充分展现了盛唐时期对城防建设的重视。从中可看到各种形式的城门、城楼、角楼

4-7-1 城门与城楼

涅槃经变中的城。图中画出三面城，后面城墩上有双门道，上建五开间歇山顶的城楼，城垣转角处有方形的四角攒尖顶角楼，城中有廊房一列。庭院中表示释迦牟尼涅槃后正在入殓的场面。整幅图画以俯视的角度构图

盛唐　莫高窟148窟　西壁

4-7-2 花砖城门 ▶
城门为单门道，上起平坐建城楼。城门旁用土红色横线条表示夯土的城墙，城门表面贴面采用菱形花砖平铺贴面，与现存河南安阳修定寺唐塔方式相同，证明当时这种装饰应用的普遍性。
中唐 莫高窟159窟 东壁

等形象。

盛唐148窟的涅槃经变中，城的形象很壮观。绘于西壁的两座城，北侧的一座用鸟瞰角度俯视城中的活动。城只画出三面城墙，三面正中均画城门及城楼，上方的城门隐约看出有两个门道，城楼是五开间，歇山屋顶。城侧面中部的城门为单门道，

上有三开间歇山顶城楼，城垣的转角处出墩台，上有攒尖顶的角楼。这三座建筑，结构相似，体量逐渐变小，形成严格的主从比例关系。此城南侧另有一城，三座城门均开一道门洞，门洞上端作梯形桁架，门洞一侧有清晰的平行直立的排叉柱，柱下可见通长地栿一根。此窟南壁弥勒经变下部也有规模稍小的一座城，正门与侧门及角楼体量依次缩小，屋顶等级也依次缩

小，主次关系明确。正门双门道内的做法与西壁城门一样，盛唐壁画上普遍作这样的表示。

经考古发掘汉长安城及唐长安城遗址，发现城门门道两侧均用排叉柱。明代修建的嘉峪关罗城过洞，也作这样处理。大凡夯土城台的门洞在改用砖砌拱券门洞之前，一般均在门洞两侧立排叉柱，门洞顶部用木平梁。唐代长安大明宫北面的玄武门，

维摩诘经变中的毗耶离城城楼，下有三道城门。建于门墩台上的二重城楼，均为三开间，每层设平坐栏杆，与壁画寺院中的楼、阁无异。城门墩台表面有菱形几何纹饰，与中唐的花砖贴面城门相同，此形式起于中唐，盛于晚唐及五代。作二重城楼形式还见于五代53窟。

宋　莫高窟25窟　北壁

城门之上是高大雄伟的城楼。中唐时期还出现一种采用花砖平铺贴面装饰城门的形式。花砖贴面有菱形和方形不同的形式，与现存河南安阳修定寺唐塔相同。修定寺塔重建于初唐，有中唐咸通十一年（公元870年）题记。壁画与实物得到了相互印证。

根据考古发掘资料所作的复原设计，即为一个门道，上建面阔五开间、进深两开间的城楼，形状与盛唐壁画中的城楼相似。所以壁画中的城门形象是真实可信的。

中、晚唐时期画出的城门、城楼大都巍峨壮丽。城门下的门道，从一到二、三、四、五个门道不等，各种形式都有，但以一个门道的居多。莫高窟197、9窟所画都是三门道，138窟弥勒天宫的正门画了五个门道，

壁画中只见宋代25窟有两重城楼的形象，城门用菱形花砖贴面，开三门道。在《洛阳伽蓝记》中说北魏时的永宁寺为"四面各开一门，南门楼三重，通三道……东西门小如之，唯楼二重。"尽管多层门楼的记载很早，在壁画里却滞后了几百年，这大概只能以艺术来源于现实，也滞后于现实来解释了。

8·敦煌壁画中有唐代城市的缩影吗?

任何艺术都来源于现实，因此也一定要反映现实。尽管敦煌壁画以表现佛教内容为主，但佛教在中国的传播中，一定要附会许多中国人所熟悉的场景。因此在唐代壁画中，对城市形象也用多种形式加以反映。如初唐323窟南壁绘出城的一角，故事讲述的是隋开皇六年，天下大旱，昙延法师被请来为隋文帝于大兴殿受戒，天下风调雨顺。壁画中的城垣作直角转折六处。文献记载，汉代建立的长安城，外郭城随地形而建，据说城的西北角和南面的曲折，象征北斗和南斗的星象。至隋代，汉长安已历时多年，宫殿朽坏，隋开皇二年开始兴建大兴城，开皇三年迁居入住大兴城，长安的外郭城到唐代才建成。壁画反映隋代的故事，以汉代的长安为隋的帝都，又将唐代建好的完整的外郭城入画，正是现实的反映。

从盛唐出现，流行于中晚唐的华严经变中的华严城或又称莲花藏世界，是在一

4-8-1 里坊城 ▼
华严经变里将华严城画在莲花中，周围用高低起伏的山作屏障。城内划分成棋格状，每一格即为一里坊。唐代的长安是隋代兴建的大兴城，城市方正对称，划分出108个里坊，为当时东方最大的城市。每一里坊有围墙环绕，住宅、店铺只能面向街巷开门，早晚定时开放坊门，城中的大街实行宵禁。里坊制是一种封闭的管理空间，便于控制。到北宋时，由于商业贸易的发展，城市里坊制便逐渐解体了。
晚唐 莫高窟85窟 北坡

朵盛开的大莲花内浓缩了唐代里坊★的缩影。花中的城市街衢纵横，把城市分划成若干方格表示里坊。

　　汉代的长安城，城内大部分面积为皇宫所占据，官署与民居相互杂处，到曹魏时期的邺都，就形成了分区明确，整齐规划的城市雏形。隋代的大兴城即是唐代的长安城，据考古发掘看到城内"沿着南北轴线，将宫城和皇城置于全城的主要地位，并以纵横相交的棋盘形道路，将其余

部分划分为108个里坊，分区明确，街道整齐"。东都洛阳划分为了103个里坊，充分体现了唐代社会的城市理想和规划要求，成为当时东方城市的典范。当时城市的居民都住在坊内，坊内有东西或南北相交的十字街，沿街再设若干巷道，平民或官员住宅的门，只能开向里坊内的街道或巷道，只有朝廷的要员或皇亲国戚才能在里坊墙上开门，面向大街。长安除东西二市之外，里坊内也有商业，寺院也包含在

4-8-2 城垣

壁画内容记隋文帝时崇佛的活动，因此用曲曲折折的城墙，似表示汉长安城不规则的城垣，城内的舍利塔放出耀眼的光辉，光辉中可以看见木结构的三开间小殿式塔身，坐落在很高的须弥座上，攒尖形塔顶上有比例硕大的塔刹相轮，左上角有帐幕，一王者坐低座上听高座上的法师讲法，象征性的表示隋初皇城中的建筑与宗教活动。

初唐　莫高窟323窟　南壁

里坊中，大型寺院有的可占半里坊之地，甚至一坊之地。壁画中莲华藏世界的形象，正是长安城在佛国世界的再现。城的中央是佛的住所，里坊四周用围墙围绕，围墙的四面或两面有里坊门及门楼，这在壁画中都有具体而细微的描绘。

知识库

★里坊

里坊，又名间里、坊。中国古代居民的聚居地，也是居住区规划的基本单位。平面为方形或长方形，坊内有街，道路平整，房屋整齐。周围用高大的夯土墙包围。据《周礼·地官》载，周王城内除王宫外，即为百姓居住的间。五户为比，五比为间，五家为邻，五邻为里，合称间里。春秋战国时代，里坊制城市形成，西汉至唐代鼎盛。隋唐时改称城内之里为坊，郊区的区划单位为里。宋中叶以后，里坊制度结束，临街设店的开放式街巷取而代之。

9·唐及唐以后壁画中的民居建筑有什么特点？

民居建筑是关乎人们生活衣食住行中"住"的最重要功能。在佛国世界中除了表现佛的住所外，还有大量世俗人们居住的民居建筑。时代在前进，民居的建筑形式也随着时代的进程而不断发展变化，因此唐及唐以后的民居建筑较隋代有了很大的变化。如盛唐23窟南壁法华经变的"化城喻品"中，本应该表现一座城池的形象，但画家却画了一座典型的北方民居大院。在夯土院墙之内，另有廊庑围合的内院，正中堂屋三间，两侧各有夹屋三间，堂屋之内均有床。与堂屋相对的房屋，犹如四合院里的倒座。宅院的门不在轴线中间，而偏向一侧，与北方四合院的宅门在东南角相同，夯土院墙的一侧有形如乌头门的院门。民居建筑是画家熟悉的建筑形式，这里表现的民居大院犹如几十年前在敦煌城乡中常见

4-9-1 民居院落

法华经变中画一大院落，外侧为土围墙，正面有乌头门，门内小院之后才是院墙及院门，门内庭院开阔，上房三间，两侧偏房各三间。这种夯土高墙的住宅形式，在西北地区一直沿用到近代。

盛唐　莫高窟23窟　南壁

壁画中共画了大小十座院落，院落平面不拘泥于常见的方形或矩形，而是随形就势有圆形、心形、前圆后方等，院内一进和多进布局。其中一座建于独立的悬崖峭壁上，圆形的围墙一周，四面有门，院中有三间堂屋，颇似南方客家围屋形式的圆楼。图中是其中部分院落。
盛唐　莫高窟445窟　北壁

的一种大宅院形式：在大车门里有土墙一周，中间是宅院布局，这种形式在北方广为流传。建筑是时代一面综合的镜子，一两千年来民居的变化竟然如此缓慢，反映长期封建社会的发展是相当缓慢的。

　　盛唐445窟弥勒经变中以庭院形式表现了十座不同的院落。壁画本是表现弥勒佛居住的天宫寺院，但它们的形式与现存我国南方客家人★的围屋相似，所以也把它们看作是一种民居形式。这处天宫绘在一座座祥云缭绕的悬崖峭壁上，形成一个个独立的院落，院内再分隔成一进或多进。院落平面不拘泥于常见的方形或矩形，而是随着地形变化呈圆形、心形或桃形、前圆后方等，院落全部有围墙环绕，形成座座围屋，反

映了当时庭院建筑的多样性。可能也是历史上为躲避战乱，在偏辟地区以家族或乡邻聚集修建的聚落形庭院，也许是南方客家围屋的早期形式。

　　晚唐9窟的维摩诘经变的阿难乞乳中及85窟法华变的穷子喻品中，均画出住宅一院，其共同的特点是由廊庑围合成四方庭院，又以横廊分隔为前后两院，前院较窄，成为进入后院的过渡空间。莫高窟9窟的宅

4-9-3　富家宅院　　　　　　　　　　▲

富家宅院取对称布局形式，四面由廊子围合，院中用廊子分作前后两进，大门、前厅、后楼位于中轴线上，符合我国传统的住宅观念。住宅一侧为侧附属牲畜厩圈，夯土围墙，正面有乌头门作为出入口，与近代农村大户人家的住宅布局相似。

晚唐　莫高窟85窟　南坡

院旁还有偏门，85窟的住宅旁有一偏院作为厩舍，宅院后有农耕场面，表现出浓厚的生活情趣。

五代61、98、108、146窟的民居，与晚唐85窟的民居出自同一个经变故事，因而形式也很相似。表现了一个尊荣富贵之家，矩形平面的住宅，回廊围绕的院落，前有门屋或门楼，院中有的用横廊把大院分隔成前后两院，后院是家庭活动的主要范围，前院是一般仆役宾客的活动区域，它体现封建社会的家庭秩序。住宅的一侧是饲养牲畜的厩院，院中没有房舍，只有一草庵供仆役居住，贫富悬殊，形成生活的巨大反差。这种住宅旁有畜厩的布局，从山东沂南汉画像石上的庭院中就已有反映，直到近代在西北农村中还是较为典型的民居布局，可以说是近二千年一贯的传承。

四合院式的民居，虽然反映了宗法社会封闭性的一面，但在使用功能上也有其不

知识库

★客家人

公元4世纪初（西晋末年）、9世纪末（唐朝末年）和13世纪初（南宋末年），从黄河流域逐渐迁徙到南方的汉人，聚集于闽、粤、赣连结地区，经过与当地畲、瑶等土著居民融合而形成的，具有有别于汉族其他民系的独特的方言、文化和特性的一个汉族民系。现在分布在广东、福建、广西、江西、湖南、台湾等省区。

4-9-5 茅庐 ▲

建于山中平地上的三开间庐棚，中间有板门，两侧开方格窗，檐下斗栱勾画不甚清晰，穹窿屋顶上覆茅草，中央树有类似塔刹的装饰。

西夏　榆林窟3窟　西壁

可否认的优越性。这种由廊庑或是廊房围合成的庭院空间，是中国传统建筑的精华，庭院是室内生活的补充，又是室外生活向室内生活的过渡。在庭院中享受户外生活的舒畅，又保持内庭生活的宁静。

　　壁画中除了表现大型宅院外，还有许多茅屋形式。如宋代55窟中的茅屋小院，简陋的茅屋下依然有台基、踏步，茅屋周围用篱芭围合出院落，形成一座庭院空间。榆林窟3窟的茅庐也有院墙围合的院落。壁画中的民居建筑无论是富豪宅院或是贫穷茅屋都有属于自己的的私有空间，这是宗法社会封闭性的体现，所以它才能延续上千年而保持不变。

4-9-4 茅屋 ◀

宋　莫高窟55窟　南壁

10·壁画中小型的世俗建筑还有哪些？

在敦煌壁画的佛国世界中，除了上述反映比较多的民居、宫廷、城堡等大量的世俗建筑外，还有许多数量少，且绘画规模也小的其他世俗建筑。它们共同组成了丰富多彩的世俗社会，也完整地表现了世俗生活中的建筑形式。

壁画中的世俗建筑类型中，反映比较多的首先是坟墓。舍利塔也是一种坟墓形式，但只作佛陀们的坟墓，世俗的人们是不可以起塔供养的。在早期壁画故事中，坟墓多是出现在佛经故事中，讲述了很多世俗的人们是如何通过种种艰难，最后皈依了佛教。如北周296窟的"贤愚经变微妙比丘尼品"讲述的是一个古老的发生在印度的故事，其中有一场随大殉葬活埋的场面。画面里的坟墓形式犹如新疆帕米尔高原如今仍然在沿用的一种坟墓形式——玛扎。唐代以后，坟墓多出现在"弥勒经变"中，讲述的是在未来的佛国"弥勒世界"中，人们的生活如何富足幸福，人人健康长寿，进入坟墓不是痛苦的事，而是进入了西方极乐世界，所以老人们自动进入坟墓。如榆林窟25窟的弥勒经变中有一幅老人入墓的场景：穹窿形的墓室中有床，老人安详的坐在床前，周围有离别前跪拜和悲伤啼哭的家

4-10-1　坟墓
北周　莫高窟296窟　　窟顶北坡

人。墓室周围有夯土形式的墓园围墙，围墙转角处有角墩，正面有墓道，墓道前又有墩台，是为阙的表示。敦煌及周边的魏晋墓，表示茔域的方式与壁画中的相同，说明壁画所反映的正是当地风俗。

除坟墓外，敦煌壁画中还有反映旅途生活中的旅店，交通中的桥梁、栈道，商贾们的酒肆、肉铺或屠宰房，边塞地的烽燧以及学校、茅厕等建筑。

五代61窟是一座大型石窟，壁画内容繁多，表现的世俗场景也很多。如西壁的五台山图中就出现了七处旅店，分别布置在通往五台山的通衢大道旁，旅店旁边有榜书题写着"龙泉店"、"太原新店"等，店铺旁有踏碓舂米，推磨铡草喂牲畜的繁忙场

4-10-2　墓园
弥勒经变中描绘老人入墓的情节。坟墓下有两重台基，上建发券的墓室，前有拱券形墓门，墓室内有床，入墓的老人坐于床上。坟墓四周有矮墙围成墓园，转角处有墩台，正对墓室前的矮墙向前延伸出一段，形成墓道，矮墙尽头有墩台结束，表示墓阙。
中唐　榆林窟25窟　　南壁

4—10—3 旅店

五台山图中的一家旅店。旅店的规模为三开间的房屋一座，周围没有围栏。房屋一边有一头小毛驴在牲口槽边吃草，另一边有两人正忙着铡草，为来往客人的交通工具——牲畜准备草料。旁边有榜题书"太原新店"。

宋　莫高窟61窟　西壁

4—10—4 汉代烽燧　　　　　　　　　　　▼

景。另有12座桥梁架设在城池外，河流小溪上，如榜书题写的"五台县西南大桥"等。在东壁北侧的维摩诘经变中有酒肆一座，人们一边喝酒，一边还有舞蹈者在跳舞。

晚唐85窟的屠宰房，绘出一座开敞的三开间小屋，屋中悬挂着一排宰杀分解好的肉。屋前有两张桌子，一张桌子旁一位屠夫正在操刀解肉，另一桌子上是一只已宰杀好的羊，桌下有一只狗盘坐在跟前。

敦煌地接西域，自汉代建郡以来，就是边塞要地。境内有汉代的玉门关及其附近的汉长城，一直绵延进入新疆境内。汉长城有不少烽燧，是古人为了确保商路的畅通和地方的安宁所设的军事设施。宋代莫高窟454窟和榆林窟38窟都有烽燧形象，形式相似，是一座四方的夯土高台，从下到上逐渐收分而上，台上有一人正朝下了望，与当地古代修筑的烽燧相同。

壁画中的世俗建筑画面充满了生活的情趣，由

现了当时的生活场景，是研究古代世俗建筑
不可缺少的历史资料。

4-10-5 烽燧 ▶
烽燧上，守卫正在眺望，以确保地方安宁。
宋 莫高窟454窟 窟顶南坡

4-10-6 屠宰房 ▼
描绘屠宰房及屠夫操刀解羊的情景。
晚唐 莫高窟85窟 窟顶东坡

第五章

时 代 特 征 与 演 变

1·中世纪如何进行建筑施工？

佛经"福田经变"的故事大意是劝人为善，广种福田，其中有劝人"兴立佛图僧房堂阁"的内容，因此在壁画中很多朝代都表现了建庙造塔的场面。

最早是北周296窟的福田经变故事中穿插着建房造塔的场面，反映了建筑的施工过程。在一幅施工图中有三间的一座殿堂即将竣工，有四个工匠正在施工中，其中两个画工，两个泥工。画工们着袍服，足蹬靴；泥瓦工们仅穿一短裤，赤膊、赤足。本图之上，还有一幅建塔图，六个泥工正在施工，其中有一人手持矩，他们均着短裤，赤膊、赤足。从工匠们的穿着上，反映出工匠们的艰辛劳动和由于分工不同而显示出的社会地位。

隋代壁画中在供塔拜塔的同时，还不忘表现建塔的过程，图中是一幅伐木造塔的全过程，从表现伐木、搬运木料，直到即

将有一座二层佛塔竣工。除伐木搬运者外，另有数人在佛塔上下正忙于施工。画面上还表现了当时的一些施工工具，其中有一辘轳正架设在屋顶上，有一工人在旁边操作。工匠们均赤膊劳作，是当时劳动艰辛状况的写照。

初唐321窟在宝雨经变中有一幅建庙造塔的场面，画面中修建的房屋，屋顶比较平缓，属西北干旱地区的建筑习惯。

宋代454窟有两处建房施工图，都已完成下部柱网的修建，在柱网梁架上有工人正在安装人字大叉手，下面的众多工匠也各自忙碌着，其中有着袍服者，好似工地指挥，工人们则身着短装，有的正挥锛砍制木料，有两人正在拉大锯锯木头，还有的在屋架下忙着向上递送材料，地上已有组装好的几组斗栱。图画得比较粗略，但从中可以看出中国传统建筑是以垂直的柱和水平的梁枋组合成受力的框架，然后才盖屋顶、砌墙、安装门窗等。墙体没有荷载的功能，只起

5-1-1　建庙造塔 ◀
依据《诸德福田经》表现"兴立佛图僧房堂阁"的场面，图上方是众工匠正在砌造"佛图"须弥座。下方正在修建"僧房堂阁"。房屋前后有画工执笔绘画，屋顶上下有泥工在递接一根长杆。画面上人物的衣着反映了他们的劳动强度和社会地位。
北周　莫高窟296窟北坡

勒佛又把宝幢转赐给婆罗门★，婆罗门众人当即把宝幢拆毁并瓜分了。按照对佛经的理解，壁画上多画一群婆罗门拆一座幢幡，但自盛唐到宋代有少数壁画，都画作一座重楼或塔正在被拆除。

隔绝内外和防寒保暖的作用，根据地域的不同，墙体的厚度也各不相同。

壁画上一般所见都是建筑物的外部形象，而通过修建图，可以看到修建过程中的梁架结构，同样在拆除的过程中也可以看到梁架结构。弥勒经变中说，在弥勒世界里，有一个国工把一坐宝幢献给弥勒佛，弥

盛唐445窟弥勒经变中的一幅拆楼图，可以看见房屋内部的基本结构。图中的二层楼，上层屋顶的瓦与椽子都已被拆除，仅留梁架部分。楼屋是三间歇山顶结构，梁为四椽栿，栿的中部用一个人驼峰代替叉手，两架梁之间还有上、下平槫及大角梁，

大角梁头上又有子角梁，梁头不起翘，整个楼屋的结构清晰合理，楼上有工人正在劳作，地上还有散乱的砖瓦木料。整个画面象征地表现了房屋拆除的施工场面。

中唐榆林窟25窟的弥勒净土变中，有婆罗们人正在拆除一座两层楼阁，下层尚完好，上层的屋顶已经拆掉，仅剩下柱子和部分梁枋，其中一梁袱之上有大叉手一组，形成三角形的梁架，从力学角度看，是一种稳定的结构形式。更少见的是，从已拆除的二层楼面上，看见有一人正从一层楼梯上至二层，楼梯口开在二层地面的中间。

我国古代社会从事百工技艺的劳动人民，地位是低下的，是最底层的劳动者。文献中关于这方面的资料很少，而在神圣的石窟寺佛教殿堂内，自北周以后各时代都有一两幅建筑施工的图画，真是不可多得的形象资料。

5-1-2　拆楼图　　　　　　　　　▼
弥勒经变中描绘弥勒佛把一座宝楼施舍给婆罗门，婆罗门人聚而拆之。楼为二层，上下均为三开间，上层开间收小。两层之间有腰檐。上层屋面和椽子已经拆除，歇山房架的结构曝露在外，四角有角梁，前端有子角梁。平梁上安放三角形驼峰，作用与叉手相同。驼峰上有斗，上承脊檩。画家将建筑结构交代得清晰而准确，是十分难得的形象资料。
盛唐　莫高窟445窟　　北壁

图旁榜题写"木工缔構精舍",即修建佛寺。在砌好的方形台基上,已立好房屋的柱网,下有地栿,上有梁栿,梁上有大叉手。两个工人骑在梁上,正在安装叉手,台基上两个工人向上传递物件,屋外一人搬运木构件,另有两个工人在加工构件,旁边有组装好的几组斗栱。房屋前有穿袍服的人,可能是工地的监工或施主。图画制作比较粗糙,却提供了当时建房施工的信息。

宋　莫高窟454窟西壁

知识库

★婆罗门

婆罗门,梵文Brahmana的音译。意译"清净"。印度教第一种姓,婆罗门教、印度教称之为"人间之神"。为古印度一切知识的垄断者,自认为是印度社会的"最胜种姓"。据《梨俱吠陀》称,婆罗门是从"原人"的头出生。从事修行的婆罗门称为梵志。《摩奴法典》规定,婆罗门有六法:学习吠陀、教授吠陀、为自己祭祀、为他人祭祀、布施、受施。

2·早期房屋的台基和屋身有什么特点？

壁画中的建筑画，不但传达出不同建筑类型的基本形象，还将最具时代特征的建筑局部以及结构细部描绘出来，如台基、栏杆、屋身、屋顶的各种形式。这时的壁画形象虽然比较粗略，但提供的形象却是任何文献资料无法达到的。现只将早期北魏至北周到隋代延续较多的台基和屋身的变化作一些简单介绍。

早期北魏到北周的房屋下多为素平台基，好似一个矩形的盒子，表面砌砖，以保护台基表面与棱角的完整。台基前有台阶，供上下出入。佛塔的台基受佛教的影响，出现由几个大小不等的矩形叠加而成为简单的叠涩须弥座形式。台基边沿及台阶

5-2-1　有障日板的殿堂　　　　▼
"阿修罗"故事中的殿堂，两侧有厚墙，可能由夯土筑成，墙中部有壁带。殿堂檐口正中向上翻起障日板。当时建筑技术中的斗栱结构可能还不完善，房屋出檐较短，檐下日照强烈，有障日板可以遮避日晒。
西魏　莫高窟249窟　西坡

两侧均有栏杆。栏杆形式还比较简单，主要有两种形式，一是直棂又称直棂栏杆，即在栏杆下部做竖直的方形立柱，柱子棱边向外而得名。二是勾片栏杆，即在栏杆下部用竖直的短构件与直角折钩构件组成，形成长方和直角折钩的空间形式，再将两种形式相间组合又成为一种新形式。

隋代的殿、堂、楼等的台基仍以砖砌素平台基为主，由于出现佛寺形象，在占据主要位置的佛殿台基上表现出东西两阶，两旁作为配殿的堂只有一阶。这时叠涩须弥座式的台基，已普遍使用在佛座上。如莫高窟311窟北部说法图的佛座，莫高窟

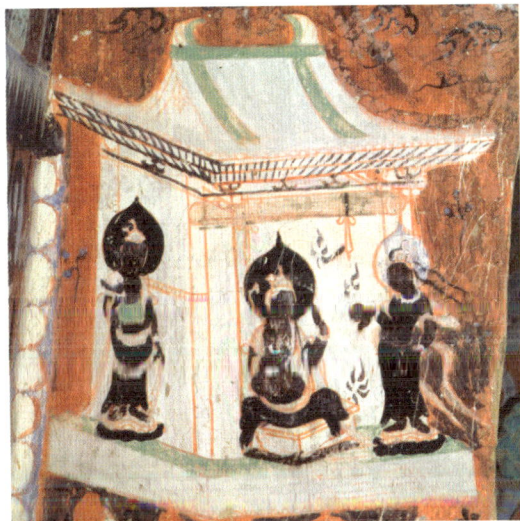

420窟主龛佛座及东壁说法图的佛座也达到相当华丽的程度。须弥座的束腰部分用蜀柱分隔，柱与柱之间画圆券龛形，到盛唐以后逐渐转变为壶门的形象。早期台基旁已有形式多样的栏杆，隋代的台基栏杆表现得很粗略，只能认为是画家省略笔墨的缘故。把栏杆和台基联系起来，形成虚实对比的组合，丰富了建筑的立面形象。

北魏至北周壁画中表现的殿堂都是正面一大开间，屋檐下的屋身两侧有厚墙并有壁带。根据壁画内容，当时的建筑多反映王

5-2-2 挂卷帘的殿堂
殿堂下有台基，正面中部可看到台阶（古代的垂带踏跺形式），房屋网边有厚墙壁带。檐卜柱子上有斗栱和人字拱，阑额下挂通间宽的帘箔。歇山式屋顶，侧面山花下装饰悬鱼。檐下画出两重椽子，檐边一周画连珠形表示瓦当。
隋 莫高窟380窟 西壁

5-2-3　殿堂一组　　　▲
故事画中的一组殿堂。房屋下有台基，正面中部有
台阶正对中间的门，直棂窗开在山墙上。屋檐下的
柱子上是连续的人字栱。石青色的歇山屋顶，正脊
两端有鸱尾，简洁概括地表示当时常见的堂的建筑
形象。
隋　莫高窟302窟　东坡

宫或富豪之家，而考古资料表明，自商周、秦汉各朝代的王宫建筑规模都很庞大，一座建筑都由很多间组成，正面开间多用单数，中间开门，两边对称布置窗或门。壁画中帝王的宫室却只表现为一大间，并经历几个朝代，延续一百多年，说明这时的建筑画水平还显得较粗略，而为了表达人物形象不受影响，省略了中间的柱子。

隋代380、417窟的殿墙，承袭前代用厚山墙加壁带的做法。北魏至北周的殿堂、房屋的墙都是白墙红柱，隋代也有此形式，但也有如423窟维摩诘经变中堂的墙壁素白无华，檐柱却是黑色的。据化学家分析这种黑色是由橘红色的铅丹氧化而成。因此看出当时文献记载的"白壁丹楹"是真实的，白墙红柱形成色彩鲜明对比，再

在"壁之横木如带者也。于壁带之中，往往以金为釭，若车釭之形也"。墙壁上绘壁带的形式到唐代就消失了。

房屋两侧修建厚墙的形式是从秦汉直到唐代延用了很长时间的一种建筑手法，据唐代大明宫的考古发掘表明，大明宫麟德殿是一座开间11间的大殿，两边厚墙各占去一间，达到530厘米。可见厚墙在当时建筑中的重要作用。壁画中反映的建筑正是它最具特征的形象。

3·隋代的斗栱是怎样演变的？

隋代的建筑形式及局部处理既承袭了北朝的做法，又有很多变化隐含于其中，不仅反映了当时许多不同的建筑类型、建筑的艺术风格，同时也传达了当时建筑所达到的技术水平。建筑形象及风格的变化往往都是从局部的技术性变革开始，集若干局部的改变而导致了结构和整体形象的变化。因而研究建筑的局部特点，成为研究其时代特征的必要步骤。

中国传统建筑中，斗栱一直是最受重视的部分。在有关记录建筑工程的典籍中，都对斗栱的制作记述十分详尽，而在实际建造中，对斗栱的运用技术如何，直接关系到整座建筑的造型和稳定性。隋代

壁画所表现的斗栱形式及结构方式，是我国木结构发展过程中的关键时期。这时的斗栱形式有：在柱头上用一斗三升斗栱，柱头之间的补间斗栱用人字栱，还没有向外悬挑的"出挑"。莫高窟423窟两座殿堂的檐部只见一层檐椽，没有飞檐，可能当时建筑的出檐还比较小，所以斗栱没有出挑的结构。河南博物馆藏有一座隋代彩绘陶屋，柱头上已有向外挑出三层斗栱的结构形式。莫高窟417窟的殿堂檐下，于柱头的额枋上用连续的人字栱。莫高窟433、419窟的殿堂檐下，则于柱头上直接支撑斗栱，之上是额枋和连续的人字栱。莫高窟423、420窟的殿堂柱头之间已用额枋连接，之上再是斗栱和人字栱相间组合，是房屋结构方式的大改革。

在额枋之上使用连续的人字栱，形成

5-3-1 隋代斗栱 ▼

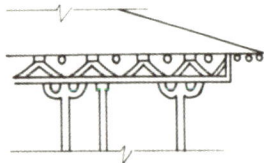

莫高窟427窟斗栱

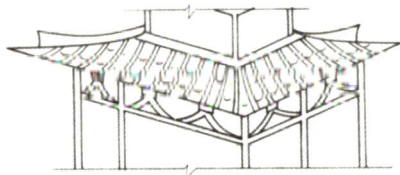

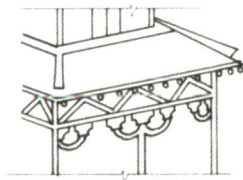

莫高窟419窟斗栱

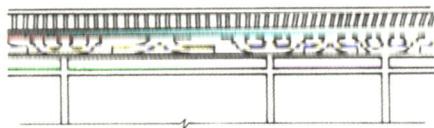

莫高窟433窟斗栱

莫高窟413窟斗栱

5-3-2 殿堂斗栱
殿堂的檐柱上有一斗三升斗栱，支撑着水平方向的阑额，阑额之上又是连续的人字形叉手，形成横向承重的构架。将阑额放在柱头斗栱或栌斗之上的结构，起源很早，徐州汉画像石上的建筑，柱头之间没有横向连接的阑额，云岗石窟和麦积山石窟的北魏、西魏及北周窟内都有这种例子。
隋　莫高窟433窟　西顶

类似现代建筑中的桁架结构，是继承北魏的一种常见作法。见于北魏宁懋石室★雕刻的孝子故事中，其建筑中就用了连续的人字栱形式。北周的建筑画上也有连续的人字栱形式，而隋代莫高窟417、433、419窟建筑上画出连续的人字栱，由于画的过于简单，形成三角桁架结构的形式。莫高窟427窟中心柱的龛沿边有一组建筑的檐口

下有清晰的连续人字栱的绘画，由于画幅较大，对人字栱的形象绘的很认真，已经脱离了早期人字叉手的形式，而成为人字栱了。隋代的这一作法既继承了前代的形式，又有所发展变化。

综上所述，看出隋代的斗栱样式，呈现出多种多样的变化形式，有一斗三升式的；有一斗三升与人字栱相结合的；有的在柱头上直接安放斗栱，斗栱之上承放额枋。这样的结构使柱子之间没有额枋等连接构件加强左右的联系，致使房屋的稳定性不好。后来发展成柱子之间用额枋加强联系，这是结构上的重大改革。额枋不放在斗栱上，而是在柱头之间，大大加强了

柱网的稳定性，隋代大概正是这种变革的过渡时期。这一变革，为唐代建筑走向成熟奠定了基础。

5-3-3 殿堂斗栱

殿堂五开间，深三间，檐柱与角柱上有一斗三升斗栱一组，柱顶之间有阑额二重，阑额之上有人字叉手一组，人字已经作柔和的曲线，两重阑额之间涂成草绿色，并于绿色中勾画菱形网状的墨线。

隋　莫高窟420窟　西壁

知识库

★宁懋石室

北魏横野将军甄官主簿宁懋墓上祀宗祖的石室，约建于孝昌三年（公元527年），1931年河南洛阳故城北半坡出土，流出国外，现藏美国波士顿美术馆。石室高1.38米，宽2米，用石材拼装成一悬山顶木构形式的房屋，进深二架椽，面阔三间，内外壁匀线刻绘画。门外二侧线刻二武将，山墙内外线刻出行、庖厨、孝子故事。室内正壁刻三贵族人物画像，每人或回首，或拈莲花或玩鸟，均有一侍女陪同，形态雍容大度，动态刻画细微，是北朝晚期成熟的作品。

4·早期的人字栱为什么发生演变?

斗栱的起源很早,同时伴随的还有一种人字栱,又称叉手,一般认为早期称叉手,唐代以后称人字栱,它们都统称为斗栱。斗栱经过长期的不断改进、演变,逐渐趋于完善,其中改变最大的莫过于人字栱。

叉手,又称人字栱,它与斗栱的形成一样久远,大的叉手用于屋脊下,将屋脊高高托起,形成屋面的坡度。用于屋檐下的小叉手,主要安置在两柱间的阑额之上,与斗栱一样起承托屋檐的作用。早期建筑画中的斗栱与叉手都还处于不断的发展

5-4-1 屋檐下连续的人字栱 ▼
图中绘出三座不同形式房屋,有一层殿堂和带有两重披檐形式的重檐房屋。这些房屋檐下,都在阑额上有连续的人字栱承托屋顶。由于画幅绘制简单,人字栱形式就好似现代的木构桁架。
隋 莫高窟420窟 东坡

5—4—2　屋檐下的斗栱　▲

图面中小型的屋身上有出檐宽大的庑殿屋顶，檐下有两重斗栱，第二层斗栱形式为一斗三升斗栱与双旋卷草栱的补间相间排列，这时的双旋卷草栱的形式还保留着人字栱的基本形式，如果将双重卷草上的小卷草去除，就是一个变形优美的栱。

初唐　莫高窟220窟　南壁

变化之中，每个时代都各有特色。从北凉至北魏以一斗三升及叉手栱相间组合形式最为多见。如莫高窟十六国275窟中所画的斗栱图像清晰，结构特殊，为一斗三升斗栱之下，支撑着一组人字栱或是直斗，一斗二升下支撑着人字栱等。西魏和北周壁画中则多见人字栱。总之从十六国到北周，

建筑画中的斗栱形态比较自由，尚未形成规范的模式，且与中原同时代的斗栱形式相同，如云冈石窟、龙门石窟、麦积山石窟中的北魏、北周窟里都有人字栱的形象，可见斗栱的发展在早期是很缓慢的。

隋代壁画中所表现的斗栱形式及结构方式，是我国木结构发展过程中的关键时期，处于承上启下的转变时期。变化形式一是延续西魏、北周时期的人字栱形式，如莫高窟427、417窟，在殿堂檐下的柱头额枋上用连续的人字栱，这时的人字栱已略有曲线，成为唐代人字栱的过渡。二是

在莫高窟433、419窟的殿堂檐下，于柱头上直接支承一斗三升斗栱，然后才是额枋，额枋之上又是连续的人字栱，构成类似现代的木构桁架。三是在柱头之间用额枋加强柱子之间的联系，形成一种稳定构架，在额枋之上是一斗三升斗栱，柱头之间的补间使用人字栱。

初唐时期仍有很多石窟建筑画上继承隋代一斗三升与人字斗栱相间排列在柱头和补间的形式，如莫高窟71、205、431、329、331等窟。同时又出现一种新的补间形式，即补间的人字栱形式发生变化，见于220窟一座小型房屋檐下的补间，简单的人字栱演变成为美丽的双旋卷草形式的栱，显示出由人字栱演化的痕迹，成为柱头之间的装饰，321窟的补间完全演变成装饰性图案。

初唐出现的双旋卷草栱补间的形式，在唐代以后的发展中仍然继续沿用，不同的是双旋卷草栱在承托斗的部位演变得越来越大。初、盛唐时还是呈倒"V"字形，发展到晚唐12窟的柱头补间看到形式已完成向驼峰的转变，卷草中间已呈倒"U"字的空心卷云状，不再是细瘦的人字上部，倒"U"字上面平缓的弧形承托着斗，而且时代越晚，卷草中间的弧形越大，壁画中可以清楚地看到它的发展轨迹。

5-4-3 大殿斗栱 ▶
大殿柱头铺作出跳。四铺作跳头上施令栱，并出耍头，补间用卷云形驼峰小斗。两层柱头枋之间用两处垫木，使枋子受力均匀，简洁又实用。
晚唐 莫高窟12窟 南壁

5·唐代斗栱是怎样演变的?

斗栱,经过隋代的变革,到唐代达到成熟时期。唐代社会上绘画技术的发展,使建筑画更趋于写实的绘画风格,能清楚地表现建筑构件的细部刻画,对斗栱的摹写也更加真实。

初唐初期仍继承隋代一斗三升及人字斗栱相间组合形式,但又有所发展。在莫高窟71、321窟的二层阁上,已经有了斗栱向前出两跳的形式。其中321窟第一跳跳头上不出横栱,为"单栱偷心造",第二跳的跳头上,不用令栱而用替木,在角柱上方的斗栱,只从角柱的两面出跳,跳头上有令栱,角栱还没有发展成为45°的形式。71窟与此相似,出两跳单栱,跳头上没有令栱及替木,斗栱直接承托在撩檐枋之下。在205窟出水平座上建的二层楼正面依然是一斗三升及人字斗栱相间组合形式,两侧面上却有双重的昂挑出,可见这时已使用昂,只是壁画中绘的不清晰,是昂出现的最早形式。初唐的斗栱普遍使用单栱,还没有左右伸出的慢栱,形式简洁明朗,但功能结构仍处于发展中。

斗栱的兴盛期在盛唐。唐代诗人杜牧在《阿房宫赋》中描写的"檐牙高啄……钩心斗角",正是唐代斗栱的真实写照。这些描述可以从盛唐172、148等窟的西方净土变里得到印证。诗歌与绘画对建筑的描述成为有益的互补。

盛唐壁画的寺院建筑群中,对斗栱的运用已出现等级

5-5-1 水中重楼 ◀
出于水中的柱网上建平坐栏杆,平坐上再建三开间二层楼,檐端翼角有显著起翘,起翘的屋檐下可看到两个昂头,正面则是一斗二升斗栱与人字栱,没有出跳的昂头。这是壁画中最早出现"昂"的形式。楼后有出于水中的弧形阁道,与两端的重楼相连。
初唐 莫高窟205窟 北壁

区分，不同形式的斗栱，被用于不同等级
的建筑上。以172窟的斗栱为例，北壁的
净土寺院内，各种繁简不一的斗栱分别用
于不同等级的建筑上。如结构简单的出一
跳四铺作斗栱用在回廊上，出两跳五铺作
斗栱用在角楼及后佛殿夹屋上，出三跳六
铺作斗栱用于后佛殿的上层，位于正中的
大佛殿，其转角铺作采用七铺作双杪双下
昂重栱计心造斗栱。148窟中心大佛殿的斗

5-5-2　大殿斗栱　　　　　　　　　▲
大殿柱头转角、补间铺作各一组，转角铺作为双杪
双下昂，即是从柱头铺作上，栌斗口内向前挑出两
跳华栱，华栱跳头上出两跳下昂，第二跳昂头上出
令栱及替木承檐檩。令栱中心出批竹昂形的要头，
是斗栱出现要头最早的例子。其补间铺作最上层的
令栱中心不出要头，令栱上有替木，莫高窟现存宋
代窟檐尚有这种斗栱实物。
盛唐　莫高窟172窟　　北壁

栱也是此作法。这种形式的斗栱是盛唐及
以后壁画中所见最复杂、高规格的斗栱，
画得精确合理，符合结构规范。

中唐在敦煌历史年表上是吐蕃时期，壁画中出现许多吐蕃因素，将另行撰写吐蕃时期的建筑特征。

晚唐是敦煌望族张氏乘吐蕃内乱夺取吐蕃政权交归中原唐王朝，唐王朝封张氏为敦煌归义军★节度使，是为张氏归义军时期。建筑画斗栱在延袭盛唐形式下又有所发展，如批竹昂耍头的出现。昂形耍头使昂的运用不仅局限在寺院大殿上，如莫高窟9窟的一座三门道城楼上的斗栱就达到七铺作，使用双昂形式。莫高窟12窟南壁中绘观无量寿经变，北壁中绘药师经变，都以大型寺院建筑作背景，为了不使画面重复，南壁的大殿斗栱只用华栱出跳，北壁

5-5-3 后佛殿斗栱 ▼
壁画中的后佛殿似为重楼，楼两侧有夹屋，转角铺作出双杪单栱计心造，没有出下昂，夹屋柱头铺作之间没有补间铺作。这种斗栱结构在莫高窟宋代窟檐上保存有实物。
盛唐 莫高窟172窟 南壁

5-5-4　大殿斗栱　　　　　　　　　▲

大殿三间，各柱头均为六铺作出双杪斗栱，跳头上施令栱，并有批竹昂耍头，令栱之上有梁头伸出与撩檐枋相交。两次间于阑额上各用一组驼峰小斗作补间铺作，当心间特别宽大，用了三组补间铺作，于阑额上施斗子驼峰，柱头枋上再出一跳。此图与同一窟南壁是相对的两幅经变画，斗栱的形式 、做法却各不相同，是斗栱技术发展成熟的表现。

晚唐　莫高窟12窟　　北壁

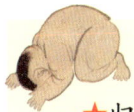

的大殿则用双下昂出跳，说明这时对斗栱的应用已非常熟练，在应用的过程中可以随心变化。发展到这一阶段的斗栱，已进入完全成熟的时期。

知识库

★归义军

唐建中二年（公元781年）吐蕃军攻陷瓜、沙二州，持续统治67年，唐大中二年（公元848年）敦煌人张议潮率军起义，平定河西，结束了吐蕃统治。其后派出多路使者分道向唐廷表示归降，以求尽快确定与唐廷的隶属关系。大中五年（公元851年），唐廷在沙州设归义军节度使，任命张议潮为节度使、十一州观察使，敦煌复归唐王朝，进入归义军时期。中原的五代时期，朝廷衰微，北方大部分地区被少数民族占领。唯独敦煌一地保持着以沙州、瓜州为中心的汉族地方政权，维持着与中原王朝的联系。后梁乾化五年（公元915年）前后，曹议金接管了归义军政权，开始了曹氏统治敦煌的时期。

6 · 吐蕃时期建筑画表现了什么特征？

中唐在敦煌的历史年表上是吐蕃时期。由于吐蕃所处的地缘关系，受到来自印度、尼泊尔等地晚期佛教的影响，形成自己独特的风格——藏传佛教。藏传佛教形成之前的吐蕃时期，应当是其萌芽时期，敦煌壁画中保存的一些具有吐蕃风格的建筑局部及其装饰在如今西藏地区仍可以看到，同时在中唐壁画中出现的一些局部形象也在中原有所反映。中唐的一些形象在敦煌一直影响到五代、宋时期。

中唐建筑画中出现的柱子装饰及翼形栱是盛唐壁画中所不见的。对于斗栱的绘画，盛唐时已达到非常完备的程度，中唐画师们也已熟知建筑构造，所以画起来依然是得心应手。这时期所见繁简不同的各式斗栱，有四铺作、五铺作、六铺作，最多达到七铺作。形式与盛唐的斗栱相似，又有新的发展，如补间斗栱数量增多，同时出现了卷草形的翼形栱。在现存的古建筑中，建于唐大中十一年（公元857年）的山西五台山佛光寺东大殿、佛光寺北配殿建于金天会十五年（公元1137年）的文殊殿、山西太原晋祠建于宋天圣年间（公元1023～1031年）的圣母殿上，都有翼形栱。它们在斗栱组件中并不起承重作用，只是作为一种装饰。中唐壁画中的翼形栱既起到装饰作用，也要起承重的作用，在莫高窟361窟就同时表现了这两种形式。这时的翼形栱都与类似仰莲形的曲线屋檐相配合，屋檐下不见椽子。如361窟北壁药师经变中的塔形佛殿上，塔为二层楼形式，在上下檐与平座上，都用翼形栱承托柱头枋，没有出跳与补间。上下两层柱子上部向内弯曲，呈覆钵状，柱头之间有阑额，大斗置于阑额上，翼形栱上部置齐心斗承托檐檩。该窟南壁金刚经变中有一座三开间小殿，于柱头阑额上有圆形的斗，斗上直接用翼形栱承托檐檩，补间用美丽的双旋卷草式的

5-6-1 佛光寺建于金代的文殊殿斗栱

5-6-2 小佛殿 ▶
三开间小佛殿的外观及结构均与中原式建筑相同，唯柱子、额枋表面满镶珠宝，柱子上是圆形大斗和卷草形异形栱，中间的补间由背靠背的两个弧形卷草形式承托檐檩。屋檐下不是椽子，而是仰莲，屋檐在筒瓦的位置上是宝珠。殿两侧有幢幡，是吐蕃的习俗。
中唐 莫高窟361窟 南壁

驼峰将上下阑额与檐檩连接。

吐蕃时期画的建筑，所看见的檐柱，有彩画花纹，晚唐仍继续这种处理，但在盛唐壁画中则没有在柱上彩画的。日本和尚圆仁在开成年间（公元836～840年）巡礼五台山时的记述"金阁寺，阁九间三层，高百余尺，壁檐椽柱无处不画，内外庄严，尽世珍异"建筑用彩画装饰可能在此之前就逐渐形成了。同时柱子还用镶嵌艺术装饰，如莫高窟231窟有多处表现吐蕃艺术特征的建筑形象。位于北壁中间一铺华严经变中一座塔形的佛殿，具有鲜明的异域风格：建筑下部有华丽的须弥座，三开间四柱之间用三叶栱形式连接，兽形柱头，柱身上镶嵌宝石等，佛殿两旁挂幡、立幢。同一窟中还出现不用栱，用两重托

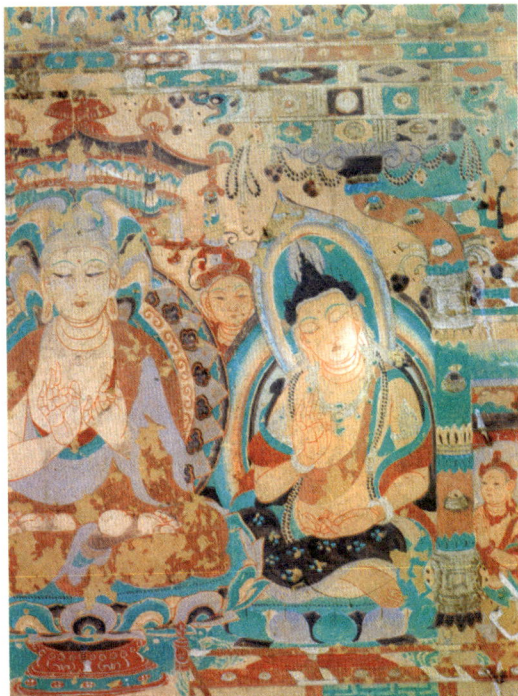

5-6-3 柱与托木柱头 ▶
殿堂的柱子上下有三道柱箍，用仰覆莲及宝珠装饰，柱子上端作S形弯曲，柱头上置大斗托卷云的替木承双层托木，上层托木端头作龙头形。檐部作连续的板瓦圆弧，并以火焰宝珠装饰，这种华丽繁复的建筑装饰只见于吐蕃时期。现在西藏传统建筑上仍然使用柱子斗栱上承托的硕大的托木。
中唐 莫高窟231窟 南壁

5-6-4 吐蕃风格装饰 ▲
极具时代性与民族风格的须弥座形式，不见于盛唐壁画中。须弥座上的四根柱子分段有突出的镶嵌装饰，柱头上有兽头口衔柱子，柱头之间用三叶栱券连接。柱子两边挂幡、立幢。整座建筑装饰具有吐蕃艺术风格。
中唐　莫高窟231窟　北壁

木承托屋檐的形式。柱子上部绘作"S"形，柱头上置大斗托卷云状的替木承两重托木。在西藏保存的历史建筑中，吐蕃时期的建筑寥寥无几，且多为少量局部。而大量的建筑群大多是公元十几世纪以后的，就在这些建筑上，仍然可以看到早期的影响，那就是柱子斗栱上承托硕大的托木。

中唐壁画中于建筑两旁挂幡、立幢及柱子上置大斗托木的形式如今依然在西藏建筑中沿袭使用。

知识库

★藏传佛教

中国佛教三大系统之一。亦称"藏语系佛教"，俗称"喇嘛教"，自称"佛教"或"内道"。公元7世纪中叶，佛教传入西藏地区，经过与当地原有的苯教不断斗争发展，形成独具藏族特色的佛教系统，并在王室的支持和推动下迅速发展，向外传播。藏传佛教的教义特征是大小乘兼学，显密双修，见行并重，并吸收了苯教的某些特点。主要传播于中国的藏、蒙古、土、裕固、纳西等族地区，以及不丹、锡金、尼泊尔、蒙古、布里亚特等地。

7 · 唐代以后斗栱如何演变的？

五代、宋时期，敦煌的历史年表中属于曹氏归义军时期。为了政权的巩固，曹氏家族采取了两项非常有效的政策：一是积极与中原王朝恢复统属关系，得到中原王朝封号，二是用联姻方式改善与周边少数民族的关系，加强友好往来。这时期壁画中的斗栱沿袭了中、晚唐形式，特别是中唐时的吐蕃因素。如莫高窟61窟南北壁中间相对的两幅大型经变画，南壁中间大殿柱头铺作使用出双杪双下昂斗栱。北壁中间是一座二层佛塔形的大佛殿，造型与吐蕃361窟相似，整幅经变也绘出寺院全景，有前廊、山门等。大殿两重曲形屋檐和平座下都使用翼形栱，此后翼形栱一直使用到西夏，主要用于帐形佛龛两侧的帐柱上。在距离莫高窟约3千米的成城湾，有一座大约建于曹氏晚期的花塔上也用翼形栱 。

五代使用斜栱的出现，表明对斗栱的运用已相当熟练。壁画中的斜栱大多都用在明间正中的补间位置，很多都被佛前升腾的云烟遮蔽，惟有莫高窟98窟南壁有完整的一例。此外莫高窟454窟覆斗形窟顶的西坡绘一座大型单层木塔，塔下的柱子在上部弯曲呈覆钵状，柱头铺作为七铺作出四杪无昂。

吐蕃时期出现的翼形栱与弯曲呈覆钵状

5-7-1　塔式大殿
五代　莫高窟61窟　北壁　▼

5-7-2　塔式大殿斗栱　　　　　　　　　▲

在寺院轴线上的主要位置，二层楼阁式的佛塔，下　　式特殊，整体造型比例适当，不失为一座秀丽的楼阁
层带基双二层平坐人佛作圆形，上下层带身有布檐柱　　塔。
八根，腰檐按八边起脊，檐柱及阑额呈弧形弯曲，形　　五代　莫高窟01窟　北壁的木柱在晚唐壁画中不见，相隔半个多世纪后在五代又出现，并一直影响到西夏，贯穿几百年。形成这样的原因可能一是当时社会上已普遍流行，二是曹氏与周边少数民族修好，吐蕃时期这些地方都归吐蕃管辖，在文化上必然受吐蕃影响，到这时又回馈敦煌，使敦煌石窟中出现很多晚唐时所不见的吐蕃因素。

西夏石窟里绘建筑画的只有榆林窟3窟，建筑画风与唐、五代、宋的迥然不同，建筑形象也不同于以上各时代。建筑画的总体形象与山西繁峙的岩山寺金代壁画风格相似。岩山寺壁画中的斗栱"视建筑的重要程度分别画作出一跳、二跳、和三跳三种斗栱形式"。西夏建筑画斗栱于一座建筑上根据不同的部位也分别作四种形式：位于水池栏杆下的斗栱用四铺作出单杪；位于水中平座和二楼平座斗栱用五铺作出双杪，无昂；下层屋檐斗栱用六铺作一杪两昂；重檐斗栱用五铺作一杪一昂。这时建筑画的画面整体看去，显得密密匝匝，细小密集成一片，看似画得很细致，却分不清斗与栱或昂的界线，须仔细分辨，也能看出大概，远不如唐宋时期的疏朗雄壮。这正是明清时期斗栱逐渐成为装饰的开端。

敦煌壁画中的建筑画上接秦汉，下连明清，正是斗栱发展演变发生巨大变化的时期。敦煌壁画中的建筑画反映了斗栱由简单的支撑，发展到唐代疏朗雄浑远挑屋檐的承重与托架作用，再由斗栱的排布从疏到密，由大变小，装饰性逐渐增强，最后演变成为微小细密的装饰性斗栱。壁画中提供的斗栱信息，在实物缺乏的情况下，是无可代替的形象资料。

5-7-3　十字重楼斗栱　　　　　　　（见186页图）
一层为十字平面，中间起二层楼的重楼建筑上，根据不同部位分别作四种斗栱形式，位于水池栏杆下的斗栱用四铺作出单杪；位于水中平座和二楼平座斗栱用五铺作出双杪，无昂；下层屋檐斗栱用六铺作一杪两昂；重檐斗栱用五铺作一杪一昂。建筑形象与山西繁峙严山寺金代壁画相似。
西夏　榆林窟3窟　南壁

5-7-4　木构多宝塔斗栱　　　　　　　▼
木构多宝塔的细部界画精细，柱头斗栱出四跳七铺作，兼有部分重栱。补间斗栱六铺作，上层令栱的替木承接撩檐枋。宋代郭若虚在《图画见闻志》中要求画家对建筑结构"必须融会，缺一不可"，可知当时对界画的重视。
宋　莫高窟454窟　西坡

8·壁画中的楼与阁是同一类建筑吗？

楼与阁在现代又统称为楼阁，是早已形成的约定俗成的习惯称呼，但楼与阁在构造和外观形式上有区别，是两种不同类型的建筑形式。古建筑学家陈明达先生对楼、阁作的定义是："自地面立柱网，柱网上安铺作即是平坐，上面再立柱网建殿屋，即是阁。

自地面建殿屋，又在上面建平坐、殿屋，则为'楼'。简言之多层房屋最下层是平坐的，称为'阁'，最下层是殿屋的称为'楼'。由于其形近似，楼与阁的称呼早已混淆不清了。"历史文献如《后汉书·陶谦传》记"……上累金盘，下为重楼。又堂阁周回"；唐代韦述《两京新记》中说，"麟德殿，此殿三面，故以三殿名，东南、西南有阁，东西有楼"。文献的记述也说明楼与阁是两种类型的建筑。在初唐壁画中清楚地表现出楼与阁的区别。如莫高窟329窟南壁的阿弥陀经变中的所有建筑都由阁组合成群，而北壁的弥勒经变中所有建筑都由楼组合。另外莫高窟71、321、331等窟的建筑全部用阁组合。阁的形象在初唐壁画中出现的频率很高，足以说明它是当时广泛流行的一种建筑类型。

《大唐六典》记载："天下士庶，公私第宅，皆不得造楼、阁，临视人家。"由于古文不用标点断句，而楼与阁都是多层建筑，因此连写在一起，到近代对古文的断句注释，往往将楼与阁连用成为"楼阁"，这些都是对楼阁的概念产生混淆的原因。从壁画提供的信息中看出，楼与阁的概念发生混淆，当在盛唐以后。

楼和阁的区别在盛唐初期仍很明确。如莫高窟66、103、123、208等窟多有阁的形

5-8-1　三阁组合寺院

阿弥陀经变中的建筑全部由阁组成，共画有七座二层阁。中间的三阁呈一殿两厢的"品"字形布局，两侧的阁上下层均有帘箔高高卷起。初唐壁画中，阁的形象很多，常常单独使用，不与楼相混淆。对面北壁的大幅经变画则全部由二层楼组合。

初唐　莫高窟329窟　南壁

5-8-2 二层楼组合寺院

弥勒经变中的建筑全部由二层楼组成，共有四座二层楼。同窟南壁阿弥陀净土变中全部由阁组成，表现当时楼、阁分用的形式。它们的区别是"多层房屋最下层是平坐的，称为阁；最下层是殿屋的，称为楼"。初唐经变中楼、阁形象分明。

初唐　莫高窟329窟　北壁

象，或延续初唐一壁的寺院由楼组合，相对一壁全部用阁组合成寺院。而217窟的净土变中，有八座二层建筑，其中四座阁，两座台，两座楼。集楼、阁、台于一幅画面中，所以很容易分辨出它们的特征。最直接简便的区分就是，二层的阁的柱子上只有一层栏杆与一层屋檐。而二层的楼上可见一层栏杆两层屋檐，下层屋檐称腰檐，腰檐上设平坐栏杆；上下两层的面阔和进深可以有较大的变动，这即是楼与阁在外观上显著的差别。

阁的形象到盛唐以后就从壁画中基本消失了，所以莫高窟172、148窟大幅经变中见不到阁的踪影，仅在172、148窟"未生怨"故事画中还存有阁的形象。宋、辽、金以后留下的古建筑实物中，凡以"阁"命名的高层建筑，虽然还保存着阁的构造特点，但上下层之间增加了腰檐，所以与楼的形式更为相近了，如河北正定隆兴寺佛香阁、天津蓟县独乐寺观音阁等。

5-8-3 寺院中楼、阁、台组合 ▲

图中楼、阁、台组合在一幅大型经变里，便于清晰的分辨它们各自的形象特点。图中的楼位于画面最边上，表现了二层楼的正侧两面，好似一座进深开间都是二间的方形建筑，一层屋顶上建平坐栏杆，平坐上依然是三间的方形小屋，但层高面宽显著缩小，造型别致。前面的二层阁好似一座碑阁，阁下层完全敞开，中有黑褐色的方柱，应该是碑石。我国古代的祠庙、寺观中竖立碑石记述有关事件或歌功颂德，是由来以久的习俗。唐宪宗元和四年

"……修安国寺，奏立圣德碑，高大一准华岳碑，先构碑楼……"。阁后面有高台，梯形的四楞台，正面有圆卷门，台的表面用四种颜色的方块贴面，似为琉璃台。台顶上建平坐栏杆，平坐上再建经楼，楼中有飞天穿过，长长的飘带从楼中拖曳而过。
盛唐 莫高窟217窟 北壁

5-8-4 天津蓟县独乐寺观音阁 ▶
始建于唐代，辽统和二年
（公元984年）重建。

9·建筑画中有多少种屋顶？

屋顶形式曾是封建社会划分等级的一个重要标志。在北凉至北周壁画中，这一因素还不明显。四阿顶即四面坡的屋顶，又称庑殿顶，是等级最高的屋顶形式。在十六国275窟中用于城楼上。悬山顶是一种结构简单的两坡屋顶。在北魏壁画中所见最多，宫殿、城门、佛寺都用此形式。歇山顶是四阿与悬山屋顶结合而成的一种新形式，它的上半部分是悬山，下半部分是四阿，因此从整个屋顶变化的发展看，它的出现较晚。壁画中出现于西魏时期，用于王宫内的殿堂上，而城门楼上则用四阿顶。北周壁画中的建筑物数量和形式都很

5-9-1 莫高窟296窟两段式歇山顶 ▼

多，以上的三种屋顶形式都有出现，似乎还没有出现等级之分。这时在莫高窟296窟出现一种新的屋顶形式即两段式歇山屋顶，它在屋面上只增加两条平行的线条，即表达了不同于一般的歇山屋顶。此屋顶有用于殿堂上、楼阁上，却不见用于门楼上。

隋代壁画中的屋顶有歇山、庑殿及攒尖式，而以歇山顶为最多。歇山屋顶的结构，在屋顶的两侧面，有一个三角形的山花，屋顶有九条脊，比较富于形象的变化，所以在当时比较流行，壁画上出现的频率也比较多。莫高窟423、420、419等窟中出现各种类型的房屋，多用重楼形式，但二楼的层高仅是下层的1/4或1/5，与现在南方的披檐式房屋相似，甚至有三层的披檐，第三层就更低矮了。对于古代"重屋四阿"记述，现在学者们都认为是重檐庑殿的形式，隋书卷六记"将作大匠宇文恺……造明堂实样，重檐复庙"，重檐是一种高等级华丽的屋顶式样，这种披檐式的重屋只见于北周与隋代壁画中。隋代所画屋顶大都是直坡屋面，檐端平直，仅出现个别的凹曲反宇屋面和屋角起翘式的屋面。屋角起翘是木结构技术发展的结果，对建筑艺术形象至关重要，隋代可能开始了这种变革，但屋顶形式作为等级制度从北凉至隋代在壁画中还没有形成严格的规定划分。

5-9-2 宅院　　　　　　　　　　　▲
堂屋建在高台基上，前有台阶，屋身两侧有厚墙，屋
顶为两段式歇山顶。四周有围墙，前有门屋，好似
还有偏院及门楼。所有房屋顶上及围墙转角处都有
鸱尾，绘弯勾状或忍冬形。
北周　莫高窟296窟　南坡

初唐的屋檐大多仍是平直的，只有少数呈现翘曲檐角。屋顶的等级制度已初见端倪，在佛寺组合中"品"字形的二层阁正中屋顶为庑殿顶，两侧配殿用歇山顶，如莫高窟329、331窟；如果三座建筑都表现为正面，看去就同似庑殿顶，如莫高窟215、321、431窟等。

盛唐壁画的屋顶形式反映了各单体建筑在建筑组群中的主次关系，四阿顶（庑殿顶）用于主要建筑的屋顶，如大佛殿、城楼正门等。配殿、角楼以及城楼的另外几个侧门均用歇山顶。屋面全部葺瓦，檐口平直，檐角基本不起翘飞，屋顶正脊两端有带双鳍的鸱尾，斜脊、垂脊和戗脊的端头仅有脊头瓦和筒瓦。檐边只见筒瓦的圆瓦当，板瓦的端头没有"滴水"。瓦面和脊分别作青灰与石绿色，以示区分。中晚唐屋顶出现了几种色彩鲜艳的瓦，可能是琉璃瓦。它的运用，改善了屋顶防水防渗漏的效果。它的鲜艳色彩和装饰瓦件的结合使用，使传统建筑屋顶减少了灰蒙蒙的沉重感，变得明快且富有生气，大大提高了屋顶审美方面的视觉效果。

关于重檐屋顶除隋代部分房屋有披檐式的重檐外，遍查敦煌唐宋壁画，都没有发现重檐结构。现存五台山南禅寺和佛光寺唐代的大殿也不是重檐，相当于唐代的日本古建筑中，也没有发现重檐建筑。敦煌壁画只有榆林窟3窟的建筑画中的殿堂、楼阁、水榭及文殊、普贤变中的仙山琼阁里，有很多重檐形象，与宋画相似。由此推论，可能重檐建筑在中原出现较早，敦煌在宋以后与中原交通阻隔，新的画风没有传到这里。西夏与中原关系密切，使其影响在西夏壁画中出现中原风格的绘画形式。

5-9-3 重檐水榭 ▶

在山涧流水旁起平坐，上建两座相错的水榭，为重檐建筑。前面一座是三间重檐歇山顶，下部前有廊檐，后有门窗。后一座建筑为二间重檐攒尖顶。水边有华丽的栏杆，构成了一幅优美的景观性建筑。

西夏 榆林窟3窟 西壁

5-9-4 四阿顶宫门 ◀

"未生怨"故事中阿堵世王子囚父的场面。阿堵世命人押父进宫门，宫门两侧为"凹"字形平面，门屋有二阶，上为庑殿顶，符合帝王所居所用的高规格建筑等级。

盛唐 莫高窟172窟 南壁

10·建筑画中有鸱尾和鸱吻吗?

屋顶是古建筑的三大组成部分之一。古人在它的结构、造型及表面装饰上,下了很大功夫。脊是屋顶各个坡面相交处做结构处理后而形成的一种形式,用砖瓦堆砌而成。屋顶正中的脊称正脊,其余斜向的脊称斜脊、垂脊等不同名称。鸱尾是屋顶上作为正脊两端的一种收束,同时是屋脊的重点装饰。鸱尾是以一种大海里的鱼尾为原形,据说"激浪即降雨,遂作其象于屋,以压火祥"。早期从北凉至隋代的鸱尾形式很简单,绘成弯勾状或忍冬形。

初唐屋顶正脊两端的鸱尾的画法已很规

5-10-1 西魏 莫高窟285窟鸱尾 ▲

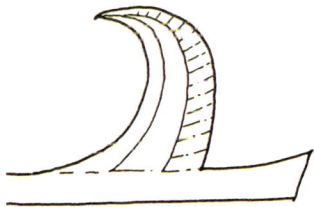

5-10-2 隋 莫高窟110窟鸱尾 ▲

范,有弯钩状的背鳍与连珠纹,如莫高窟220、431窟,不似隋代只用两笔即勾画出轮郭来。斜脊的下端可见清晰的方形脊头瓦,之上再覆一层筒瓦,如431窟。初唐还有于正脊上不设鸱尾,只以层层板瓦垒出正脊,壁画中见于323窟,三开间小型殿堂的四阿屋顶正脊上没有鸱尾。按照壁画故事讲述的是张骞出使西域,请回两身金人,供奉在甘泉宫,但这座小殿屋脊上却没有鸱尾。依据历史记载,甘泉宫是汉代很重要的一座宫殿,不应该没有鸱尾,而且这种屋脊的处理,上见于隋代,下见于唐各阶段的壁画中。

盛唐屋顶的瓦件绘制的形象更加清晰,正脊两端有带双鳍的鸱尾,斜脊、垂脊和戗脊的端头有脊头瓦和筒瓦。在鸱尾上还表示出一小构件"拒鹊",在445、217窟的殿、碑阁与二层楼的鸱尾上都有清楚的描绘。《营造法式》"用鸱尾"条中记"鸱尾上用铁脚子及铁束子安其搶铁,之上施五义拒鹊子"。这一形象只有盛唐壁画中才可看到,另外在敦煌遗书的绢画上也有表现。

中晚唐时期对屋顶的处理,继承了盛唐传统,并在瓦和脊的装饰上有所发展。莫高窟158、361、156窟的屋面上用了几种色彩鲜艳的瓦,可能是琉璃瓦。晚唐9窟中心柱西向面一幅白描图上已有清晰的鸱

5-10-3 鸱尾
鸱尾的双鳍上有若干平行的线道，鳍的内侧形成尖嘴弯勾状，鸱尾的正身上有连珠纹。这是初唐壁画中表现较清楚的一处鸱尾形象，莫高窟同期所画的鸱尾与此大体相同。
初唐 莫高窟220窟 南壁

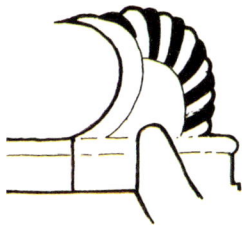

5-10-4 初唐莫高窟431窟鸱尾

5-10-5 宋莫高窟431窟窟檐上的泥塑鸱吻

吻形象，这是壁画中出现最早的鸱吻。到五代、宋时期只见五代61窟五代壁画中酒肆建筑的正脊两端的鸱吻较为清晰，宋初431窟木构窟檐正脊的鸱吻，除有龙首张嘴含脊，还将隋唐时期向上弯起的双鳍改变成了有尖啄形似鸟头的鸱尾。壁画中的鸱吻形象不多，但从盛唐起在垂脊和戗脊的端头有脊头大瓦（日本建筑中称鬼面瓦）。

在敦煌石窟壁画上从北朝直到唐前期的脊饰都称作鸱尾，是因为只见有向上弯起的双鳍，而没有晚唐以后张嘴含脊的龙头。从这些典型的例子中可以看见从鸱尾到鸱吻的渐变过程。

西夏榆林窟3窟的建筑画中，不但正脊有鸱吻，其他的垂脊、斜脊、戗脊端头都有吻兽，由于画面高大，暂时无法看到清晰的形象，但大致可以看到大殿正脊上好似龙形鸱吻，其他脊端兽头口向外，头上有三至五个不等的卷须，就好似敦煌地区清代建筑上的兽头——五鬏兽。

5-10-6 彩绘鸱吻
在第76窟内保存有一件彩绘鲜艳的鸱吻，根据它的造型和彩画形式，应该是莫高窟宋代窟檐上的鸱吻。敦煌干旱少雨，使用泥塑彩绘鸱吻是因地制宜的办法，这是中国古建筑中罕见的泥塑建筑构件。
宋 莫高窟76窟 东壁

附录　　敦煌大事记

历史时代	敦煌行政建置	敦煌地区大事记	世界文明地区大事记
汉　　西汉 　　新 　　　东汉 （公元前 111～ 公元 219 年）	敦煌郡敦煌县 敦德郡敦德亭 敦煌郡	公元前 139 年张骞出使西域，历 13 年，获大量西域资料； 公元前 127 年，卫青、霍去病出击匈奴，历时 8 年，河西走廊归入西汉版图，敦煌成为通西域的门户； 公元前 111 年敦煌始设郡； 公元前 119 年，张骞再次出使西域； 公元前 69 年大族张氏自清河迁敦煌，家于北府，号北府张氏； 公元 16 年大族索氏自钜鹿迁敦煌，号南索； 公元 23 年隗嚣反新莽； 公元 25 年窦融据河西，恢复敦煌郡名； 公元 73 年班超出使西域，汉与西域断绝 65 年后恢复通好； 公元 97 年，东汉使节甘英到达波斯湾； 公元 120 年东汉置西域副校尉，主管西域事务，治所设在敦煌，敦煌成为中原王朝统治西域的军政中心。	公元前 174 年大月氏部落离开中国西部，迁往中亚； 公元 52 年贵霜帝国建立，统治中亚地区及印度北部，成为与中国、罗马、波斯并列的四大帝国之一。 公元 60～200 年印度编成《般若经》、《法华经》、《华严经》、《无量寿经》等大乘佛教经典。
三国 （公元 220～265 年）	敦煌郡	竺法护游历西域，携佛经东归，在长安、敦煌、洛阳传教译经，被称为"敦煌菩萨"。	公元 226 年波斯萨珊土朝建立； 公元 229 年贵霜王遣使到中国； 公元 242 年波斯人摩尼开始传教。
西晋 （公元 266～316 年）	敦煌郡	出现索靖、索袭、宋纤、氾腾等一批名儒。	

十六国 前凉 前秦 后凉 西凉 北凉 （公元 317～439 年）	沙州、敦煌郡 敦煌郡 敦煌郡 敦煌郡 敦煌郡	公元 320 年，竺法护弟子竺法乘在敦煌立寺延学； 公元 336 年，始置沙州； 公元 366 年，沙门乐僔在敦煌莫高窟修建第一个洞窟； 公元 384 年，符坚徙江汉民众到敦煌； 公元 400～405 年，为西凉国都； 公元 413 年，中天竺名僧昙无识到敦煌译经弘法。	公元 320 年，印度笈多王朝建立； 公元 339 年，波斯禁基督教； 约公元 4 世纪，印度教形成； 公元 422 年，波斯下禁基督教之令。
北朝 北魏 西魏 北周 （公元 439～581 年）	沙州、敦煌镇、义州、瓜州 瓜州 沙州鸣沙县	公元 444 年，置镇，公元 516 年，罢为义州，公元 524 年复瓜州； 公元 530 年，东阳王元荣在莫高窟修造佛窟； 公元 563 年改鸣沙县，至北周末； 公元 571 年，瓜州刺史、建平郡公于义在莫高窟修造佛窟。	公元 455 年，波斯萨珊王朝遣使到中国； 公元 518 年，波斯与北魏通使； 公元 521 年，龟兹王遣使致书南朝的梁朝，赠送方物。
隋 （公元 581～618 年）	瓜州敦煌郡	公元 601 年，隋文帝诏天下诸州建灵塔，送舍利至瓜州崇教寺（莫高窟）起塔； 公元 609 年，隋炀帝巡幸河西，会见西域诸国可汗，并派人到敦煌造寺修塔，三十多年间在敦煌开窟 94 个。	公元 606 年，戒日王即位，定都曲女城，北印度归于统一； 公元 610 年，阿拉伯人穆罕默德创立伊斯兰教； 公元 615 年，吐火罗、龟兹、疏勒、于阗、安国、何国、曹国等遣使到中国向隋朝朝贡。
唐 （公元 619～781 年）	沙州、敦煌郡	公元 622 年，设西沙州，公元 633 年改沙州，公元 740 年改郡，公元 758 年，复为沙州； 公元 618～704 年，在敦煌历史分期上为初唐期； 公元 695 年，禅师灵隐、居士阴祖等在莫高窟修建高达 35.2 米的北大像；	公元 630 年，穆罕默德以麦加作为伊斯兰教朝圣之地； 公元 640 年，戒日王遣使到长安，为中印邦交之始； 公元 644～656 年，阿拉伯文《古兰经》成书；

		公元 704～781 年，在敦煌历史分期上为盛唐期； 公元 721 年，僧人处谚与乡人马思忠等造高达 27 米的南大像。	公元 651 年，阿拉伯军攻波斯，波斯向唐求援； 公元 652 年，阿拉伯灭波斯萨珊王朝； 公元 692 年伊斯兰教伟大建筑耶路撒冷之石制圆顶教堂建成； 公元 716 年，印度沙门善无畏来长安。
吐蕃 （公元 781～848年）	沙州敦煌县	公元 781 年，吐蕃占领敦煌，统治当地达 67 年，这段时期在敦煌历史分期上为中唐期，也称吐蕃时期。	公元 795 年，巴格达设造纸作坊，以中国方法造纸。
张氏归义军 （公元 848～910年）	沙州敦煌县	公元 848 年，张议潮逐走吐蕃，归降唐朝，后被册封为归义军节度使； 公元 851 年，唐朝以沙门洪辩为河西都僧统，管理僧侣事务； 公元 868 年，敦煌发现的最早的雕版印刷佛经在这年出版。	
西汉金山国 （公元 906～914年）	国都	公元 906 年，归义军节度使张承奉自立为白衣天子，号西汉金山国； 公元 911 年，张承奉向回鹘求和，尊回鹘可汗为父，改称"敦煌国"，去天子称号，改称王； 张议潮至张承奉统治期在敦煌历史分期上为晚唐期。	
曹氏归义军 后梁 后唐 后晋 后汉 后周 宋 （公元 914～1036 年）	沙州敦煌县 沙州敦煌县 沙州敦煌县 沙州敦煌县 沙州敦煌县 沙州敦煌县	公元 914 年，曹议金取代张承奉，废金山国，仍称归义军节度使。	公元 916 年，通往中亚的路被藏人和阿拉伯人占领； 公元 991 年，阿拉伯数字开始传入欧洲； 公元 1000～1026 年，伊斯兰教传入印度。

续表

西夏 西夏 蒙古 （公元 1036～1227 年）	沙州 沙州路	公元 1036 年，西夏攻占沙州，归义军政权结束，敦煌由西夏控制；西夏在莫高窟重修60窟。	公元 1204 年，十字军攻陷东罗马帝国的君士坦丁堡，建立"拉丁帝国"，东罗马帝国分裂为三部。
蒙元 元 北元 （公元 1227～1402 年）	沙州路 沙州路	公元 1227 年，蒙古占领敦煌； 公元 1229 年，蒙古自敦煌置驿抵玉门关，以通西域。	公元 1256 年，波斯被蒙古军征服； 公元 1258 年，阿拉伯阿拔王朝被蒙古军征服，同年蒙古军在其征服的伊朗、阿富汗、两河流域等地建立伊儿汗国； 公元 1369 年，帖木儿汗国建立，以撒马尔罕为首都，成为中亚强国。
明 （公元 1368～1644 年）	沙州卫、罕东街	公元 1372 年，明将冯胜经略河西，建嘉峪关，敦煌被弃置关外； 公元 1516 年，吐鲁番占领敦煌； 公元 1524 年明朝关闭嘉峪关，沙州民众内迁，敦煌凋零。	公元 1404 年，帖木儿准备进攻中国，于征途中病死； 公元 1453 年，君士坦丁堡被土耳其军攻陷，东罗马帝国灭亡； 公元 1498 年，达伽马航抵印度； 公元 1550 年，帖木儿帝国灭亡； 公元 1526 年，印度莫卧儿帝国建立； 约公元 16 世纪，阿拉伯民间故事集《一千零一夜》成书； 公元 1632 年，印度修筑泰姬陵，被喻为世界七大建筑奇迹之一； 公元 1669 年，莫卧儿帝国禁止婆罗门教。
清 （公元 1644～1911 年）	敦煌县	公元 1715 年，清兵出嘉峪关收复敦煌一带； 公元 1724 年，筑城置县； 公元 1900 年，道士王圆箓在清除积沙时，发现藏经洞。	公元 1857 年，英军攻陷德里，印度莫卧儿帝国灭亡。

图书在版编目（ＣＩＰ）数据

中世纪建筑画 / 孙毅华, 孙儒僴著. -- 上海：华东师范大学出版社, 2016.1
（解读敦煌）
ISBN 978-7-5675-4694-3

Ⅰ.①中… Ⅱ.①孙… ②孙… Ⅲ.①敦煌石窟－古
建筑－研究 Ⅳ.①K879.21

中国版本图书馆 CIP 数据核字(2016)第 027583 号

解读敦煌
中世纪建筑画

著　　者　孙毅华　孙儒僴
摄　　影　宋利良
策划编辑　王　焰
项目编辑　储德天
文字统筹　陆晓如
文字编辑　于科仁
封面设计　卢晓红
版式设计　大禾文化
排　　版　宋俊业　刘新慧

出版发行　华东师范大学出版社
社　　址　上海市中山北路 3663 号　邮编 200062
网　　址　www.ecnupress.com.cn
电　　话　021-60821666　行政传真　021-62572105
客服电话　021-62865537（兼传真）
门市（邮购）电话　021-62869887
门市地址　上海市中山北路 3663 号华东师范大学校内先锋路口
网　　店　http://hdsdcbs.tmall.com/

印 刷 者　上海中华商务联合印刷有限公司
开　　本　787×1092　16 开
印　　张　14.25
字　　数　140 千字
版　　次　2016 年 3 月第 1 版
印　　次　2017 年 3 月第 2 次
书　　号　ISBN 978-7-5675-4694-3/J·272
定　　价　76.00 元

出 版 人　王　焰